LA LUNE

Influences, symbolisme et sortilèges

Catalogage avant publication de la Bibliothèque nationale du Canada

O'Brien, Thierry

    La lune : influences, symbolisme et sortilèges

    (Collection Nouvel âge)

    ISBN : 2-7640-0846-5

    1. Lune - Miscellanées. 2. Magie. 3. Homme – Influence de la Lune.
4. Symbolisme (Psychologie). I. Titre. II. Collection.

BF1623.M66O27 2004   133.4'3   C2004-940044-4

LES ÉDITIONS QUEBECOR
7, chemin Bates
Outremont (Québec)
H2V 4V7
Tél. : (514) 270-1746
www.quebecoreditions.com

© 2004, Les Éditions Quebecor
Bibliothèque nationale du Québec
Bibliothèque nationale du Canada

Éditeur : Jacques Simard
Coordonnateur de la production : Daniel Jasmin
Conception de la couverture : Bernard Langlois
Illustration de la couverture : Amber Gray / Veer
Révision : François Petit
Correction d'épreuves : Jocelyne Cormier
Infographie : Composition Monika, Québec

Nous reconnaissons l'aide financière du gouvernement du Canada par
l'entremise du Programme d'Aide au Développement de l'Industrie de
l'Édition pour nos activités d'édition.

Gouvernement du Québec – Programme de crédit d'impôt pour l'édition
de livres – Gestion SODEC.

Imprimé au Canada

LA LUNE

Influences, symbolisme et sortilèges

THIERRY O'BRIEN

LES ÉDITIONS
Quebecor
QUEBECOR MEDIA

À tous ceux qui aiment la lune.

Sommaire

«Si tu es le préféré de la lune, que t'importent les étoiles?»

Sagesse marocaine

«La rêverie est le clair de lune de la pensée.»

Jules Renard

Préambule

La lune danse dans la nuit ; elle nous rappelle les temps anciens, les époques durant lesquelles les hommes avaient peu de choses pour les rassurer.

Longtemps, les hommes ont cru que chaque lune qui apparaissait dans la nuit était un astre neuf et que la précédente s'en était allée mourir. Peu à peu, ils ont compris qu'il s'agissait d'un cycle, que la lune était là pour guider leurs pas quand le soleil dort et pour leur rappeler qu'ils vivaient telle ou telle époque de l'année : une période de croissance, de récolte, de décroissance, de repos ou de renouveau.

La lune est belle, mais aussi utile. Elle existe pour nous rappeler qui nous sommes. Trop souvent, nous nous inspirons de notre signe solaire (Bélier, Taureau...) et oublions que la lune aussi s'est penchée sur notre berceau pour nous souhaiter la bienvenue en ce monde. Nous sommes également cette part secrète de la lune, ses émotions, sa féminité, son intuition, sa tendresse. La lune nous guide dans la nuit ; laissons-la nous montrer qui nous sommes et le chemin qui nous est favorable.

Chapitre 1

La lune du Moyen Âge

Lune: astre qui croît, décroît et disparaît pour réapparaître quelques jours plus tard. Elle nous rappelle que la vie est soumise à la loi universelle du devenir, de la naissance, de la mort et de la renaissance. Comme elle revient toujours à sa forme initiale, elle représente les rythmes de la vie et l'aspect cyclique de tous les phénomènes.

Au Moyen Âge et à la Renaissance, les guérisseurs, les grands sorciers et les magiciens ont constaté que la lune exerçait une influence, selon son cycle, sur la santé, sur les humeurs, sur la poussée de plantes, sur les naissances, sur la vie.

Elle était difficile, la vie de tous les jours, dans les temps anciens. Le travail était alors une punition. Et le miracle, c'était, pour la plupart des gens, d'avoir à manger.

En Europe, on avait oublié les enseignements des Grecs. On avait donc recours à la lune pour tenter de savoir ce que les jours réservaient. Chaque période du cycle était considérée comme propice ou néfaste.

Ainsi, les soirs de pleine lune, les «prêtres» demandaient à la lune de les informer sur l'avenir. On cherchait à obtenir un oracle du ciel. L'apparition de la nouvelle lune servait, quant à elle, à fixer les assemblées, les sacrifices et les réunions à caractère religieux. Cette étape du cycle de la lune était pour les Anciens un signe de renouveau, de chance et de fécondité. Chez les Gaulois, les druides attendaient la nouvelle lune pour aller cueillir le gui.

Toujours durant la nouvelle lune, les jeunes gens faisaient des ablutions, car c'était censé leur donner de la vigueur! Certains restaient immergés durant des heures dans les fontaines consacrées aux saints. Pour acquérir de la force, on pouvait aussi plonger le petit doigt dans l'eau d'une fontaine à la pleine lune. Toutefois, on se méfiait de son influence sur l'eau des puits, car on pensait qu'elle y jetait du venin lors des couchers de soleil.

Si la lune permettait aux hommes d'acquérir de la force, les jeunes filles s'en méfiaient, croyant qu'elle pouvait les féconder. Quand elles sortaient le soir, elles ne devaient jamais se tourner vers la lune, surtout si celle-ci était croissante, sans quoi elles s'exposaient à mettre au monde des enfants lunatiques ou des êtres monstrueux.

Les trois nuits sans lune ont de tout temps été redoutées, car, en l'absence de la Déesse blanche, les plus grands périls pouvaient, disait-on, survenir. C'était les jours d'Hécate, une divinité présidant à la magie et aux enchantements, et liée au monde des Ombres. Cette divinité apparaît aux magiciens et aux sorcières. On peut comprendre que les nuits noires aient pu être redoutées quand la lumière était rare.

La vie au long des mois

La lune est aussi à l'origine des premiers calendriers. Elle rappelait alors aux hommes les cycles éternels de la nature. Pour fixer ce calendrier, on avait créé une série d'images sur les travaux des mois. Ainsi, en janvier, on voyait l'homme boire et manger à sa table et, en février, il plantait déjà ses graines... Cette iconographie servait à décorer les manuscrits enluminés. Elle fut reprise aux XIIe et XIIIe siècles en Italie et en France pour décorer les églises. Voyons ce qu'elle racontait :

- En janvier, le paysan mange et boit à table.

- En février, l'homme se chauffe près d'un feu.

- En mars, les travaux reprennent, on taille la vigne.

- En avril, on figure les loisirs des nobles, on se promène dans la végétation renaissante.

- En mai, on figure encore les loisirs des nobles, on part à la chasse.

- En juin, c'est le début des grands travaux, la fenaison.

- En juillet, c'est la moisson.

- En août, le battage.

- En septembre, le temps des vendanges.

- En octobre, l'ouillage des tonneaux.

- En novembre, on s'occupe des porcs, de la glandée à l'abattage.

- En décembre, la pause hivernale débute.

En fait, la lune est si présente dans le ciel qu'il est utile de garder en mémoire ce que ces cycles nous rappellent.

Ainsi, nous pouvons nous aussi adapter ce calendrier des mois à notre présent.

Le calendrier appliqué à aujourd'hui

Le cycle lunaire de janvier nous annonce un temps de gourmandise, de plaisir de vivre, de joies en société, de rapprochements... Autour de la table, n'est-on pas dans la meilleure des situations pour les conversations, les explications et les résolutions?

Le cycle lunaire de février annonce un temps de repos. Il est nécessaire de prendre un moment pour revenir à soi-même, pour réfléchir. C'est le mois de l'intérieur, de la vie à la maison, en famille, pour une douce intimité. La Saint-Valentin nous rappelle de dire notre amour. La nouvelle lune de février le fait aussi. Repérez sa date.

Le cycle lunaire de mars est actif. Il représente le mois de la santé par excellence. Si l'homme du Moyen Âge coupait ses vignes, nous en profiterons pour nous occuper de la maison, pour nous refaire une beauté, pour suivre un régime santé.

Le cycle lunaire d'avril propose un temps de folie, un temps de détente, de contact avec la nature. Il fait plus chaud, le corps se réchauffe, la vie reprend ses droits, on sort de sa réserve, on va vers les autres. C'est une période de renaissance.

Le cycle lunaire de mai est dans le prolongement de celui du mois d'avril. C'est un temps de plaisir, de loisirs, de joie, de retrouvailles, d'amour.

Le cycle lunaire de juin marque le début de l'été. Pour les paysans du Moyen Âge, c'était une lunaison de travail et d'effort. Cette lune dit : encore un effort et les résultats viendront. Maintenez le cap durant cette période. Ce ne sont pas encore les vacances.

Le cycle lunaire de juillet annonce déjà des moissons, des récoltes. On est rassasié, car tout est à portée de la main. Les légumes sont là, bien frais, et on n'a qu'à les cueillir. Aujourd'hui, c'est un temps de vacances pour plusieurs d'entre nous, mais au Moyen Âge, le labeur était dur à cette époque de l'année.

Le cycle lunaire d'août marque déjà les préparatifs de l'année suivante. On retourne la terre, on la prépare, puis on la laisse se reposer un peu. Faisons de même en cette période : profitons-en pour commencer un nouveau cycle... et pour nous reposer avant de mettre la main à la pâte.

Puis voici le cycle lunaire de septembre et, donc, les vendanges. Une période faste par excellence, avec de longues heures de travail pour ceux qui font le vin, et du plaisir à venir pour ceux qui le dégusteront.

Le cycle lunaire d'octobre marque celui du travail sur les outils que l'on possède. Ce moment est propice à la préparation de l'année à venir, qu'il s'agisse de réparer ce qui est brisé ou de remplacer certains objets.

Le cycle lunaire de novembre, c'est celui des animaux. De l'amour qu'on leur donne, de ce qu'ils nous apportent. Le soin que l'on porte aux animaux est représentatif de notre amour des hommes.

Le cycle lunaire de décembre annonce une prière, une pause, une fête. C'est le temps des rapprochements par excellence.

Chapitre 2

Le cycle de la lune

La lune bouge rapidement dans le ciel et fait 12 ou 13 lunaisons, ou cycles, par année. Chaque lunaison dure 28, 29 ou 30 jours. Durant chaque cycle, nous voyons apparaître un croissant de lune qui s'oriente vers la terre (en forme de D). Ce croissant devient peu à peu une demi-lune, puis une lune bombée, et enfin une pleine lune. La lune reprend ensuite le chemin inverse, pour devenir peu à peu de moins en moins apparente et finir par disparaître complètement de notre ciel.

Chacun d'entre nous est né durant l'une ou l'autre des huit étapes qui forment une lunaison, ou cycle lunaire. Nous possédons des caractéristiques et un tempérament particulier, qui sont en partie reçus de la lune, de sa position et de l'étape du cycle qu'elle traverse au moment de notre naissance.

Les huit étapes d'une lunaison

1. La nouvelle lune

C'est la conjonction de la lune et du soleil, et la naissance de la nouvelle lune. On voit apparaître un tout petit croissant de lune en forme de D.

2. La lune tendre

Il s'agit encore d'une nouvelle lune, mais en plus affirmée. Elle forme un croissant en forme de D.

3. La lune montante (ou premier quartier de lune croissante)

Elle forme un demi-cercle vers la droite ; le côté gauche de la lune est encore dans l'ombre.

4. La lune bombée (ou deuxième quartier de lune croissante)

Un peu de patience ! La lune sera bientôt ronde. Pour le moment, elle forme un cercle pas tout à fait rond.

5. La pleine lune

Elle est bien ronde. Encore un jour ou deux et elle amorcera sa décroissance.

6. La lune dispensatrice (ou troisième quartier de lune décroissante)

Elle est encore ronde ; du côté droit, elle commence à entrer dans l'ombre.

7. La lune avisée (ou quatrième quartier de lune décroissante)

Elle forme un demi-cercle dont on voit le côté gauche; le droit est dans l'ombre.

8. La lune cachée

Elle forme un tout petit croissant en forme de C, qui s'efface peu à peu pour laisser place à la nuit noire. La lune est complètement dans le noir.

Chapitre 3

Sous quelle lune êtes-vous né?

L'année lunaire ne correspond pas à notre calendrier. Pour savoir dans quelle position était la lune au moment de votre naissance, vous devez donc prendre le temps de faire quelques calculs. C'est un peu compliqué, alors prévoyez une bonne demi-heure.

1. Cherchez dans le tableau A (*Épactes lunaires*, à la page 30) l'épacte correspondant à votre année de naissance. L'épacte représente le nombre de jours qu'il faut ajouter à l'année lunaire pour égaler l'année solaire.

    Par exemple, si vous êtes né le 29 novembre 1956, votre épacte est 17. Si vous êtes né le 14 juillet 1986, c'est 19.

2. Consultez ensuite le tableau B (*Calendrier perpétuel*, à la page 31).

    Face à votre épacte se trouve indiquée, dans la colonne *Jours*, la date de toutes les nouvelles lunes de l'année de votre naissance.

    Par exemple, pour l'année 1956, les nouvelles lunes se situent le 14 janvier, le 12 février, le 14 mars...

Pour l'année 1986, les nouvelles lunes se situent le 12 janvier, le 10 février, le 10 mai...

Pour votre année, _____, les nouvelles lunes sont le _____, _____, _____.

En vous basant sur l'épacte de votre année, repérez dans le tableau B la nouvelle lune qui précède votre date de naissance et celle qui la suit.

Par exemple, Marie est née le 29 novembre 1956, épacte 17.

La nouvelle lune qui précède était le 5 novembre.

La nouvelle lune qui suit était le 4 décembre.

Pour vous :

votre date de naissance _____

votre épacte _____

nouvelle lune précédant votre naissance _____

nouvelle lune suivant votre naissance _____

(Si vous êtes né en début ou en fin d'année, il est possible que la lunaison qui précède la vôtre soit celle de l'année qui précède votre naissance, ou que la lunaison qui suit soit celle de l'année qui suit. Dans ce cas, reportez-vous au numéro 4a).

3.   Quel jour du cycle lunaire êtes-vous né ?

Partez de la nouvelle lune qui précède votre date de naissance et comptez les jours depuis cette nouvelle lune (inclus) jusqu'à celui de votre naissance (inclus).

Dans le cas de notre exemple :

Marie est née le 29 novembre 1956, épacte 17.

La nouvelle lune qui précède était le 5 novembre.

La nouvelle lune qui suit était le 4 décembre.

Du 5 novembre au 29 novembre, on compte 25.

Marie est donc née le 25e jour du cycle lunaire.

Pour vous :

_____

_____

_____

_____

4. Mais ce n'est pas tout. Il s'agit maintenant de savoir si votre cycle lunaire est de 28, 29 ou 30 jours. Pour le savoir, vous devez compter le cycle entier de votre lunaison.

Comptez à partir de la nouvelle lune qui précède (en l'incluant) jusqu'à la nouvelle lune qui suit (en l'excluant). Vous obtiendrez 28, 29 ou 30 jours.

Dans le cas de notre exemple :

29 novembre 1956, épacte 17.

La nouvelle lune qui précède était le 5 novembre.

La nouvelle lune qui suit était le 4 décembre.

Du 5 novembre (inclus) au 4 décembre (exclus), on compte 29 jours.

Marie est donc née le 25e jour d'un cycle de 29 jours.

Pour vous :

_____

_____

_____

_____

_____

4a. *Si vous êtes né au tout début d'une année, inspirez-vous de l'exemple suivant :*

Joseph est né le 2 janvier 1990. Donc, épacte 3.

Dans le calendrier perpétuel (tableau B), la nouvelle lune de janvier pour une personne d'épacte 3 est le 28 janvier.

Pour savoir quand a eu lieu la nouvelle lune de décembre 1989, Joseph consulte le tableau des épactes, et note que 1989 correspond à 22. Il se reporte au calendrier perpétuel pour savoir quel jour a eu lieu la nouvelle lune de décembre 1989. Pour l'épacte 22, elle a eu lieu le 29 décembre.

Il compte du 29 décembre, épacte 22 (inclus), au 2 janvier, épacte 3 (inclus), et il sait qu'il est né le 5e jour de la lunaison.

Il compte du 29 décembre (inclus) au 28 janvier (exclus) et il sait que la lunaison était de 30 jours.

Il est donc né le 5e jour d'une lunaison de 30 jours.

Si vous êtes né à la toute fin d'une année, inspirez-vous de l'exemple suivant :

François est né le 30 décembre 1995, épacte 29.

Dans le calendrier perpétuel (tableau B, page 31), il note que, pour celui qui obtient l'épacte 29, la nouvelle lune qui précède est le 22 décembre.

Il est donc né le 9e jour de la lunaison.

Pour savoir si cette lunaison est de 28, 29 ou 30 jours, il doit trouver l'épacte de l'année suivante (1996) dans le tableau A ; c'est 10.

Dans le calendrier perpétuel, il note que la nouvelle lune de janvier 1996, épacte 10, a eu lieu le 21 janvier. Il compte donc du 22 décembre (inclus) au 21 janvier (exclus) et obtient 30.

Il est donc né le 9e jour d'une lunaison de 30 jours.

Pour vous :

_____

_____

_____

_____

_____

4b. Si vous êtes né un 29 février dans le calendrier perpétuel (tableau B), comptez ce jour pour savoir quel jour du cycle vous êtes né et ne le comptez pas pour savoir si vous êtes d'un cycle de 28, de 29 ou de 30 jours. Par exemple, si vous êtes épacte 1, la nouvelle lune qui précède est le 28 février, celle qui suit, le 30 mars. Vous êtes donc né le 2e jour d'un cycle de 30 jours.

5. Consultez maintenant le tableau C pour voir de quelle lune vous êtes.

Tableau A
Épactes lunaires

1911	19	1931	11	1951	22	1971	3	1991	14	2011	25
1912	**30**	**1932**	**22**	**1952**	**3**	**1972**	**14**	**1992**	**25**	**2012**	**6**
1913	22	1933	3	1953	14	1973	25	1993	6	2013	17
1914	3	1934	14	1954	25	1974	6	1994	17	2014	29
1915	14	1935	25	1955	6	1975	17	1995	29	2015	10
1916	**25**	**1936**	**6**	**1956**	**17**	**1976**	**29**	**1996**	**10**	**2016**	**21**
1917	6	1937	17	1957	29	1977	10	1997	21	2017	2
1918	17	1938	29	1958	10	1978	21	1998	2	2018	13
1919	29	1939	10	1959	21	1979	2	1999	13	2019	24
1920	**10**	**1940**	**21**	**1960**	**2**	**1980**	**13**	**2000**	**24**	**2020**	**5**
1921	21	1941	2	1961	13	1981	24	2001	5	2021	16
1922	2	1942	13	1962	24	1982	05	2002	16	2022	27
1923	13	1943	24	1963	5	1983	16	2003	27	2023	8
1924	**24**	**1944**	**5**	**1964**	**16**	**1984**	**27**	**2004**	**8**	**2024**	**19**
1925	5	1945	16	1965	27	1985	8	2005	19	2025	30
1926	16	1946	27	1966	8	1986	19	2006	30	2026	11
1927	27	1947	8	1967	19	1987	30	2007	11	2027	22
1928	**8**	**1948**	**19**	**1968**	**30**	**1988**	**11**	**2008**	**22**	**2028**	**3**
1929	19	1949	30	1969	11	1989	22	2009	3	2029	14
1930	30	1950	11	1970	22	1990	3	2010	14	2030	3

* Les années bisextiles sont en caractères gras.

Tableau B
Calendrier perpétuel

Janvier		Février		Mars		Avril		Mai		Juin	
Jours	Épactes	Jours	Épactes	Jours	Épactes	Jours	Épactes	Jours	Épactes	Jours	Épactes
1	30	1	29	1	30	1	29	1	28	1	27
2	29	2	28	2	29	2	28	2	27	2	26-25
3	28	3	27	3	28	3	27	3	26	3	25-24
4	27	4	26-25	4	27	4	26-25	4	25	4	23
5	26	5	25-24	5	26	5	25-24	5	24	5	22
6	25	6	23	6	25	6	23	6	23	6	21
7	24	7	22	7	24	7	22	7	22	7	20
8	23	8	21	8	23	8	21	8	21	8	19
9	22	9	20	9	22	9	20	9	20	9	18
10	21	10	19	10	21	10	19	10	19	10	17
11	20	11	18	11	20	11	18	11	18	11	16
12	19	12	17	12	19	12	17	12	17	12	15
13	18	13	16	13	18	13	16	13	16	13	14
14	17	14	15	14	17	14	15	14	15	14	13
15	16	15	14	15	16	15	14	15	14	15	12
16	15	16	13	16	15	16	13	16	13	16	11
17	14	17	12	17	14	17	12	17	12	17	10
18	13	18	11	18	13	18	11	18	11	18	9
19	12	19	10	19	12	19	10	19	10	19	8
20	11	20	9	20	11	20	9	20	9	20	7
21	10	21	8	21	10	21	8	21	8	21	6
22	9	22	7	22	9	22	7	22	7	22	5
23	8	23	6	23	8	23	6	23	6	23	4
24	7	24	5	24	7	24	5	24	5	24	3
25	6	25	4	25	6	25	4	25	4	25	2
26	5	26	3	26	5	26	3	26	3	26	1
27	4	27	2	27	4	27	2	27	2	27	30
28	3	28	1	28	3	28	1	28	1	28	29
29	2		*	29	2	29	30	29	30	29	28
30	1			30	1	30	29	30	29	30	27
31	30			31	30			31	28		

* Si vous êtes né le 29 février, comptez ce jour pour connaître votre jour de lunaison, mais ne le comptez pas pour connaître le cycle de la lune (28, 29 ou 30 jours).

Tableau B
Calendrier perpétuel (suite)

Juillet		Août		Septembre		Octobre		Novembre		Décembre	
Jours	Épactes	Jours	Épactes	Jours	Épactes	Jours	Épactes	Jours	Épactes	Jours	Épactes
1	26	1	25-24	1	23	1	22	1	21	1	20
2	25	2	23	2	22	2	21	2	20	2	19
3	24	3	22	3	21	3	20	3	19	3	18
4	23	4	21	4	20	4	19	4	18	4	17
5	22	5	20	5	19	5	18	5	17	5	16
6	21	6	19	6	18	6	17	6	16	6	15
7	20	7	18	7	17	7	16	7	15	7	14
8	19	8	17	8	16	8	15	8	14	8	13
9	18	9	16	9	15	9	14	9	13	9	12
10	17	10	15	10	14	10	13	10	12	10	11
11	16	11	14	11	13	11	12	11	11	11	10
12	15	12	13	12	12	12	11	12	10	12	9
13	14	13	12	13	11	13	10	13	9	13	8
14	13	14	11	14	10	14	9	14	8	14	7
15	12	15	10	15	9	15	8	15	7	15	6
16	11	16	9	16	8	16	7	16	6	16	5
17	10	17	8	17	7	17	6	17	5	17	4
18	9	18	7	18	6	18	5	18	4	18	3
19	8	19	6	19	5	19	4	19	3	19	2
20	7	20	5	20	4	20	3	20	2	20	1
21	6	21	4	21	3	21	2	21	1	21	30
22	5	22	3	22	2	22	1	22	30	22	29
23	4	23	2	23	1	23	30	23	29	23	28
24	3	24	1	24	30	24	29	24	28	24	27
25	2	25	30	25	29	25	28	25	27	25	26
26	1	26	29	26	28	26	27	26	26-25	26	25
27	30	27	28	27	27	27	26	27	25-24	27	24
28	29	28	27	28	26-25	28	25	28	23	28	23
29	28	29	26	29	25-24	29	24	29	22	29	22
30	27	30	25	30	23	30	23	30	21	30	21
31	26-25	31	24			31	22			31	20

Tableau C

Cycle de 28 jours		Cycle de 29 jours		Cycle de 30 jours	
1er jour 2^e jour	Nouvelle lune	1er jour 2^e jour	Nouvelle lune	1er jour 2^e jour	Nouvelle lune
3^e jour 4^e jour 5^e jour 6^e jour	Lune tendre	3e jour 4e jour 5e jour 6e jour	Lune tendre	3e jour 4e jour 5e jour 6e jour	Lune tendre
7e jour 8e jour 9e jour 10e jour	Lune montante	7e jour 8e jour 9e jour 10e jour	Lune montante	7e jour 8e jour 9e jour 10e jour	Lune montante
11e jour 12e jour 13e jour 14e jour	Lune bombée	11e jour 12e jour 13e jour 14e jour	Lune bombée	11e jour 12e jour 13e jour 14e jour	Lune bombée
15e jour	Pleine lune	15e jour 16e jour	Pleine lune	15e jour 16e jour	Pleine lune
16e jour 17e jour 18e jour 19e jour 20e jour	Lune dispensatrice	17e jour 18e jour 19e jour 20e jour 21e jour	Lune dispensatrice	17e jour 18e jour 19e jour 20e jour 21e jour	Lune dispensatrice
21e jour 22e jour 23e jour 24e jour 25e jour	Lune avisée	22e jour 23e jour 24e jour 25e jour 26e jour	Lune avisée	22e jour 23e jour 24e jour 25e jour 26e jour	Lune avisée
26e jour 27e jour 28e jour	Lune cachée	27e jour 28e jour 29e jour	Lune cachée	27e jour 28e jour 29e jour 30e jour	Lune cachée

Chapitre 4

Ce que la lune sait de vous !

Maintenant que vous savez ce qu'est une lune montante, une lune dispensatrice ou une lune cachée, vous voulez certainement savoir de quelle manière cela influence votre tempérament, vos perceptions, vos sensations, vos émotions. La lune est l'astre par excellence des émotions. Même si bien des planètes peuvent jouer un rôle dans notre existence et notre façon d'être, la lune veille au grain, toute proche, tendre en même temps que solide et d'une présence véritablement forte. Voyons ce que le fait d'être né à telle ou telle étape d'un cycle lunaire nous dit sur nous-mêmes.

La nouvelle lune

Les gens nés sous la nouvelle lune, soit le 1er ou le 2e jour de la lunaison, sont sensibles, émotifs, spontanés, et parfois instables et influençables. Étant par nature moyennement rationnels, ils ont tendance à se laisser guider par leur entourage, à faire confiance aux autres un peu trop facilement, et à considérer les faits de manière subjective et à la lumière de leurs sensations. Ce sont des tendres, et ils ont un caractère ouvert et assez simple. Ils sont faciles d'approche.

La lune tendre, la lune montante et la lune bombée

Les gens nés sous une lune croissante, soit entre le 3e et le 14e jour de la lunaison, sont des gens au caractère enjoué. Ils sont ouverts, généreux, confiants. La lune croissante représente la jeunesse, la réceptivité, l'enthousiasme. La naissance sous une de ces lunes donne lieu à des êtres attirants, aux pulsions fortes et qui ne sont pas toujours raisonnables. Ce sont aussi des gens qui s'attachent facilement. Ils sont du type extraverti et sont conservateurs dans leurs manières et leur attitude.

Sous la lune tendre et la lune montante, on trouve les joueurs, les impulsifs, les gens spontanés, sensibles, les imaginatifs, les diplomates. Sous la lune bombée, on trouve les gens réalistes, tolérants, souples, extravertis, actifs.

La pleine lune

Les gens nés sous une pleine lune, soit le 15e jour et parfois le 16e jour de la lunaison, sont généralement réalistes, organisés, cérébraux, critiques, objectifs, peu influençables, actifs et individualistes. La pleine lune correspond également à la grossesse, à l'enfantement. On trouve chez les gens nés sous la pleine lune d'excellents parents, parfois un peu trop protecteurs, mais toujours présents lorsqu'il le faut.

La lune dispensatrice, la lune avisée et la lune cachée

Du 17e au 28e, 29e ou 30e jour du cycle, la lune redescend, elle décroît. On la dit vieille. Les gens nés sous ces lunes descendantes ont un caractère plus introverti et méfiant que ceux qui sont nés sous des lunes croissantes. Ces lunes symbolisent le déclin de la vie et représentent ce qui est mature, ce qui se dirige vers l'intérieur, le sommeil, la vie onirique...

Les gens nés du 17e jour au 22e jour du cycle sont généralement actifs, décidés, responsables, parfois un peu durs ou susceptibles, et toujours idéalistes. Cependant, ils sont rarement fanatiques.

Les gens nés du 23e au 26e jour de la lunaison ont un tempérament réfléchi et organisé. Malgré les apparences parfois trompeuses, ce ne sont pas des gens au caractère spontané et ils n'agissent pas sous le coup de leurs impulsions.

Dans les derniers jours du cycle lunaire, la lune est invisible durant quelques jours. Les gens nés durant cette partie du cycle (du 27e au 30e jour) sont dotés d'une grande force psychique – ce qui peut jouer pour eux ou contre eux – et d'un caractère sombre et profond. Ce sont des êtres qui doivent se développer intérieurement et bien se connaître pour pouvoir être heureux. Ils perçoivent beaucoup de choses invisibles. Ils sont un peu comme des chats dans la nuit.

1

La nouvelle lune

> «Regarde la beauté du croissant qui,
> venant de paraître, déchire de ses
> rayons de lumière les ténèbres.»
>
> Ibn al-Mottaz

Celui qui est né à la nouvelle lune est un être ouvert, généreux et imaginatif. Il inspire confiance.

Le natif de la nouvelle lune a un indéniable côté bon enfant. Il aime la nouveauté. Il est heureux lorsqu'un projet débute et toujours prêt à aller de l'avant. S'il lui arrive de tomber, toujours il se relève, prêt pour un autre round. Si vous voulez savoir ce qu'est fondamentalement un être de la nouvelle lune, pensez à un bébé qui commence à marcher: remarquez sa ferveur, son enthousiasme et son goût de vivre et de prendre des risques.

Avec les autres, le natif de la nouvelle lune est charmant, mais il peut à l'occasion drainer l'énergie de ceux qui en ont moins. Il a toujours des idées plein la tête, des projets en route, un ou deux rêves en suspens, une rencontre à faire... Il n'est pas facile à suivre! Cela dit, on ne s'ennuie pas en sa compagnie. Il a toujours mille et une histoires à nous raconter et de multiples suggestions à nous faire. C'est un partenaire ou un ami loyal et bon; il a le cœur sur la main, il ne se méfie pas et ne calcule pas. Il est également intègre et, quand il donne son amitié, il le fait aussi simplement que durablement. C'est un être enjoué et plaisant. Pourtant, il doit voir à conserver un bon équilibre de vie, sans quoi il est sujet à la nervosité et peut devenir colérique. Il est de tempérament soupe au lait. Il a besoin de calme autour de lui ; les gens tranquilles et compréhensifs l'apaisent.

C'est un être sociable : il est parfaitement heureux dans les vernissages, les fêtes, les soirées entre amis. Il se plaît à rencontrer des gens et peut nouer des liens chaleureux en un rien de temps. Vraiment, il inspire confiance et on lui donnerait le bon Dieu sans confession ! Il aime charmer et il en est capable. En public, en fête, dans un groupe, il sera le boute-en-train. Si la plupart des natifs de la nouvelle lune sont en réalité de nature timide, ils sont si friands de créer des liens, de discuter, de s'associer qu'ils cachent très bien cette timidité, crânant même parfois au besoin.

Au travail, le natif de la lune naissante est un innovateur. Il arrive aussi qu'il soit un éternel débutant. Ainsi, il doit veiller à ne pas s'intéresser à un nouveau secteur tous les cinq ans, ce qui l'empêcherait de se spécialiser. Persévérant, il l'est moyennement, si bien qu'il lui faut des appuis, des signes que l'on approuve ses actions, sans quoi le désintéressement le guette. Cela dit, s'il se donne une mission ou s'il se passionne pour un projet, il s'en occupera jusqu'au bout. Bien qu'il puisse être individualiste, il évolue tout à fait bien en équipe, car il aime discuter, débattre et même se chamailler à l'occasion. C'est un être sensible et généreux, qui a de la compassion et aime s'occuper des autres. Il est bon qu'il fasse un métier lui permettant de se sentir utile. Il adore parler, mais il sait aussi écouter. Il peut être un excellent vendeur : il vous persuadera facilement que cet outil est indispensable, que ce bel objet embellira votre demeure...

Est-il de tempérament créateur? Il peut l'être, bien sûr, mais s'il développe sa fibre artistique, il ne sera pas pour autant du genre torturé. Il aime la vie et la considère comme relativement simple et belle. De caractère souple, il aime aussi gagner, mais n'en fait pas tout un plat quand il perd. Il adore apprendre et s'émerveille de tout jusqu'à un âge avancé. Dans ses activités, il aime relever des défis à sa mesure, et il en a même un grand besoin. Même s'il vous dit, à propos d'un ennui: «J'y pense la nuit, j'y pense le jour», cela reste un jeu pour lui, car il aime les défis.

En matière d'argent, la personne née sous la nouvelle lune est dépensière. Ce qui la sauve, c'est qu'elle donne beaucoup et reçoit donc aussi beaucoup. C'est un être généreux: dans sa prime jeunesse, s'il doit se serrer la ceinture, il le fera en toute simplicité; plus tard, il aura intérêt à devenir plus économe et plus prévoyant. L'être né sous la nouvelle lune est un jouisseur des biens de ce monde. Il s'offre ce qu'il aime. S'il dépense pour des voyages, il ne le regrettera pas, car pour lui il s'agit là d'une source inépuisable de joie.

Lorsqu'il doit faire un choix, il n'hésite pas longtemps, il va de l'avant, il innove, il est pour le futur. Le passé l'intéresse plus ou moins. Il regarde en avant, et vous ne le verrez pas entouré de vieux objets, à moins qu'il ne s'agisse de très précieuses antiquités.

En amour, le natif de la nouvelle lune est franc, tendre, chaleureux; il n'aime pas avoir des bâtons dans les roues et n'en met à personne. Il assume ses désirs et les exprime simplement. Il adore les longues conversations, les soirées aux bougies et les doux plaisirs de la vie. Il cultive avec grâce les bonheurs simples. Il prouve son amour par mille et un gestes, il n'est pas du genre très réservé ou secret. Cela dit, il ne sera pas à l'aise avec quelqu'un de conservateur ou qu'il juge ennuyant. Amusez-le et il vous aimera longtemps, ennuyez-le et vous le perdrez illico. Même s'il apprécie la stabilité, il ne lui sacrifiera pas le plaisir. C'est un bon vivant.

Sa sexualité est franche, vive et le plus souvent sans complications. Il aura avantage à être actif (à ne pas être abstinent!), autrement, il sera mal dans sa peau. C'est un être profondément physique, qui ne doit pas se perdre en rêveries et en désirs inassouvis. Son sens de la communication est très fort et il parle facilement de lui. Il n'a pas de complexes insurmontables. Sa santé est souvent très bonne et il a une énergie hors du commun. Le pire qui puisse lui arriver, c'est de souffrir d'un handicap l'empêchant de bouger librement, et dans ce cas il se renfrognera. Il tire des bienfaits de la pratique sportive.

Le natif de la nouvelle lune possède un sens esthétique très développé. Il aime la beauté et s'en entoure. Il est chaleureux, enjoué, et l'enfant en lui n'est jamais caché bien loin. Il plaît aux gens et les amuse. Par ses gestes, il annonce que tout peut recommencer, qu'aucun obstacle n'est insurmontable. Il est heureux le jour, en plein soleil, et souvent il apprécie la chaleur. Le natif de l'été ou des saisons douces est facile à vivre, et celui de l'hiver sait relever tous les défis. Un peu risque-tout, ce natif a la veine d'avoir toujours la chance à ses côtés!

La nouvelle lune et les autres

La nouvelle lune et la nouvelle lune: très (trop) semblables. Vous comprenez bien cette personne, mais cette association peut manquer d'équilibre ou de sagesse. Conseillé en équipe, peut-être, en compagnie de quelques vieilles lunes!

La nouvelle lune et la lune tendre : assez semblables. Encore une fois, une telle relation ou association pourrait souffrir de certains déséquilibres. Il faudra parler beaucoup et développer sa tolérance.

La nouvelle lune et la lune montante : très semblables. Ils rient bien ensemble, mais ne sont peut-être pas faits pour s'associer étroitement.

La nouvelle lune et la lune bombée : assez bonne association, mais il y a risque d'ennui. Ces deux-là n'ont peut-être pas autant à s'apprendre qu'ils le souhaiteraient. Ils communiquent bien sur certains sujets, mais moins bien sur d'autres.

La nouvelle lune et la pleine lune : à éviter. Le natif de la nouvelle lune ne sera pas à l'aise ni en confiance avec une personne née sous la pleine lune. Ce qu'ils ont en commun, c'est la chance, mais ils la possèdent tous les deux et n'ont donc pas besoin l'un de l'autre. En réalité, cette association pourrait les desservir, à moins qu'ils n'aient des objectifs communs.

La nouvelle lune et la lune dispensatrice : bonne association. Une personne de la lune dispensatrice stabilisera le natif de la nouvelle lune tout en le stimulant. La confiance s'installe.

La nouvelle lune et la lune avisée : bonne association. Le natif de la nouvelle lune trouvera peut-être le natif de la lune avisée un brin sérieux, mais ses conseils et son appui lui seront précieux. Durable.

La nouvelle lune et la lune cachée : association protégée et mystérieuse. Le côté étrange de la lune cachée surprendra le natif de la nouvelle lune. Bonne entente.

Son mois de naissance et sa signification

La nouvelle lune de janvier communique parfois difficilement. Elle doit prendre son temps, respecter son rythme, se protéger et rester intègre, même si elle est parfois tentée de prendre des raccourcis. Elle a de son côté une grande énergie, ce qui la sert grandement. Elle aime relever des défis.

La nouvelle lune de février est innocente et pure. Elle est active. Elle a intérêt à cultiver le calme, sans quoi son entrain peut l'amener à agir sans réfléchir. Côté communication, elle a de bonnes intuitions mais doit apprendre à se faire confiance.

La nouvelle lune de mars est perspicace en même temps qu'enjouée et mue par l'innocence. Elle croit en sa bonne étoile et a raison de le faire, car elle est mystérieusement guidée.

La nouvelle lune d'avril peut être naïve. Elle doit faire attention de ne pas se laisser berner. Cet être brillera toujours par son originalité et développera une manière de penser très personnelle.

La nouvelle lune de mai est enjouée, énergique et énergisante. Elle a du charme, elle plaît, elle est confiante. Il lui arrive cependant de tomber à plat durant l'hiver. C'est un être qui a besoin de soleil.

La nouvelle lune de juin est active, plaisante, surprenante. Elle manque parfois de stabilité, qu'elle se lie à des gens perspicaces. Son imagination est vive et la sert.

La nouvelle lune de juillet est de tempérament stable. Elle peut sembler naïve, mais il ne faut pas se fier aux apparences. Elle est tout de même romantique et toujours plaisante à côtoyer.

La nouvelle lune d'août est de tempérament stable. Elle est bonne pour ceux qui sont bons et généreux envers elle. Cependant, on ne la dupe pas. Elle est souvent patiente et constante, et elle atteint ses buts.

La nouvelle lune de septembre est très entreprenante mais de tempérament étonnamment calme pour une nouvelle lune. Elle est équilibrée et assure ses arrières. Attentive, elle remarque tout.

La nouvelle lune d'octobre est enjouée. Ce natif a un sens esthétique et une créativité très développés. Il voit le beau là où personne d'autre ne le voit. Il est généreux et ouvert.

La nouvelle lune de novembre est parfois de tempérament nerveux, mais elle est toujours charmante. Elle peut passer de la jalousie extrême à la plus grande ouverture d'esprit. Elle charme qui lui plaît.

La nouvelle lune de décembre est ouverte sur le monde. Elle s'intéresse aux autres et aime partager ses idées comme ses biens. Elle souffre quand on ne s'intéresse pas à elle. Elle apprécie la compagnie.

Votre destinée

Natif de la nouvelle lune, vous n'êtes pas à l'abri des accidents et vous devez apprendre la prudence. Votre vie ressemble parfois à des montagnes russes. Il ne s'y trouve rien d'ennuyant, ni intérieurement, ni dans votre vie de tous les jours, ni dans votre entourage.

Vous rêvez même parfois de vous ennuyer un peu, mais quand cela arrive, vous ruez dans les brancards! Vous êtes avant tout un être actif.

Période peu faste, période faste

À éviter: commencer un projet durant les quinze premiers jours de la lunaison.

Après la pleine lune, attendez quelques jours; une période propice commencera alors, et ce, jusqu'à la fin du cycle.

Conseil

Un être né sous la nouvelle lune doit satisfaire sa curiosité intellectuelle, apprendre, s'intéresser à tout ce qui l'entoure. Les voyages et la culture le ressourcent.

Ce qui lui porte bonheur

L'*opale blanche* était autrefois considérée comme extrêmement bénéfique. Les Anciens lui accordaient un tel prix que l'empereur Marc Antoine proscrit un sénateur qui avait refusé de lui céder une opale de taille exceptionnelle.

Les *lapins* et les *lièvres* sont lunaires: ils dorment le jour et gambadent la nuit. Ils sont doux, tendres, bons comme les natifs de la nouvelle lune. Si vous êtes né sous une nouvelle lune, quand vous en voyez un, faites un souhait; il se réalisera si vous regardez trois fois la pleine lune.

2

La lune tendre

« Si je dois dormir par terre, je le ferai sans hésiter tant que je peux voir la Lune ! »

John Galliano

Le natif de la lune tendre est un être stable, enthousiaste. Il s'affirme en toute simplicité.

La personne née sous une lune tendre se distingue par sa sensibilité et son enthousiasme. D'un naturel timide, c'est un être charmant et d'une exquise gentillesse. Dès qu'il est en terrain connu, il se révèle généreux et ouvert.

On croit généralement qu'il est naïf. C'est peut-être partiellement vrai dans sa jeunesse, mais c'est loin d'être vrai par la suite. Sa candeur apparente joue en sa faveur. Il est curieux et ne présume de rien. Il est ouvert à la nouveauté, aux surprises de la vie. Il croit en sa bonne étoile, et elle le lui rend bien.

Il lui arrive de s'intéresser à trop de choses à la fois. Il s'émerveille devant les autres et s'associe rapidement, sans toujours considérer la situation en profondeur. Résultat : il arrive qu'il ait de mauvaises surprises. Il regrette et se demande ensuite : « Pourquoi me suis-je mis dans cette situation ? » Il traverse alors une période de doute.

Celui qui est né sous la lune tendre est généralement assez peu prévoyant ou, à tout le moins, il n'est pas de nature inquiète. D'emblée, il croit que tout ira bien. C'est un optimiste de nature, qui ne voit pas l'adversité et, s'il la trouve, il s'en étonne. Il fait alors appel à son entourage, utilise son imagination et s'en tire !

Ce natif se trouve souvent dans des situations difficiles, car il n'a pas tendance à réfléchir avant d'agir. Son enthousiasme lui coûte cher mais lui rapporte beaucoup. Il réussit toujours à s'en sortir grâce à un flair étonnant pour le bonheur et pour les situations saines et agréables. Le natif de la lune tendre n'a rien d'un sacrifié. Il aime la vie et elle le lui rend bien. Il aime les gens et ceux-ci lui en sont reconnaissants. Tout comme ceux qui sont nés sous la pleine lune ou sous la nouvelle lune, il a de la chance, mais dans une moindre mesure. S'il se trouve dans une situation difficile, vous pouvez être certain que la chance se pointera. Ce natif est un être pur et spontané. Il avance dans la vie les bras ouverts et confiant que tout réussira. Étant donné que nos pensées sont à la base de nos actions, ses croyances positives le servent souvent.

La personne née à la lune tendre plaît, on la remarque, mais elle est pourtant de nature assez tranquille. Elle ne parle pas trop et s'affirme poliment et élégamment, à l'image du franc croissant de lune qui la représente.

Côté paroles et communication, le natif de la lune tendre éprouve parfois de la difficulté à s'exprimer librement. C'est un peu comme s'il ne croyait pas utile de dire les faits et de s'expliquer verbalement. Il a tendance à penser : « Si on n'en parle pas, cela disparaîtra... » Ou encore il essaie d'exprimer ce qu'il ressent, mais passe à côté, s'emmêle dans ses idées et ne sait plus trop où il voulait en venir. En fait, c'est un être créatif qui a toujours intérêt à s'exprimer, mais pas uniquement par la parole : le dessin, la danse, la musique, toute forme d'art le nourrira et l'aidera à se libérer de ses démons.

Cet être peut apprendre toute sa vie, et le fait de commencer un projet, un apprentissage ne peut que le réjouir. Il se sent dans son élément dans n'importe quelle entreprise qui voit le jour. Avec le temps, il apprendra de ses expériences, mais il lui arrivera très tard dans la vie de se lancer dans des projets sans lendemain. Ce n'est pas grave : quand cela rate, il se remet rapidement de ses échecs. Il sait oublier quand cela fait son affaire, quand cela le sert.

Le natif de la lune tendre est sensible aux ambiances. Il aime vivre dans un lieu agréable, en compagnie de gens avec qui il s'entend bien. Si l'atmosphère change, il changera d'humeur sans trop comprendre ce qui cause son trouble. Il est bon qu'il se retire de temps à autre pour prendre le temps de se reposer. La musique lui fait grand bien.

Avec les autres, ce natif est affable, serviable, aimant. Il respecte tout le monde et est toujours conscient des forces et des qualités de chacun. Il admire assez facilement les gens, ce qui leur fait plaisir et lui permet de se faire des amis aisément. Cependant, il est possible qu'on abuse de lui. Serviable et enclin à voir le beau et le bien chez les autres, il ne se rend pas toujours compte que la malhonnêteté existe. Il lui faudra du temps pour faire une différence entre ceux qui méritent sa confiance et ceux qui ne la méritent pas.

En amour, la personne née sous la lune tendre est d'une grande fidélité. L'être aimé a trop d'importance à ses yeux pour qu'elle prenne le risque de le décevoir. C'est un être idéaliste, qui aime longtemps. Ce natif met la personne aimée sur un piédestal et la gâte, toujours attentif à elle et veillant à lui faire plaisir. Malgré tout, ce natif se préoccupe de voir s'il y a « retour d'ascenseur » lorsqu'il donne ou rend service. Il n'est pas du genre sacrifié. Si on le déçoit, il ne pardonne pas. Il donne tout, mais n'accepte pas qu'on se moque de lui. La personne née sous la lune tendre reste toujours consciente de sa valeur; elle tient à être traitée avec respect, égards et amour.

Sa sexualité est avant tout qualitative. Ce natif est patient, et avant d'agir il attendra de voir si une situation lui convient vraiment. L'être de la lune tendre a généralement un assez bon contrôle de ses besoins. Il cherche à les satisfaire mais ne se laisse pas submerger par ses désirs. Ayant généralement une excellente santé et une vigueur peu commune, ce natif vit pleinement dans son corps. Il réalise à un jeune âge que son corps, c'est lui. Il est à l'écoute de ses sensations physiques, ce qui l'aide à être heureux.

En matière d'argent, la personne née sous la lune tendre est moyennement armée. Mais elle a de la chance. En fait, ce natif n'est pas matérialiste et sa motivation ne peut reposer uniquement sur l'argent. Il lui arrive même d'avoir du mépris pour les questions matérielles. Cela dit, même s'il ne met pas l'argent au centre de ses préoccupations, il s'organise généralement pour être autonome et même à l'aise financièrement. Il a moins de besoins que d'autres et n'a pas tendance à faire des achats onéreux. Sur le plan du confort, il est très peu exigeant et préfère se promener dans la nature plutôt que de décorer son salon ou d'avoir l'automobile de l'année.

Au travail et dans ses activités, le natif de la lune tendre brille par son intelligence, sa vivacité, ses idées, mais aussi parfois par son désordre. En tant que patron, ce natif sera fonceur, imaginatif, créatif et mobilisateur. Il sera plus à l'aise s'il est entouré de gens méthodiques et méticuleux. Il s'emballe souvent pour de nouveaux projets et peut bénéficier de la collaboration de gens plus méfiants que lui. Il a de bons rapports avec ses collègues et ses employés, à condition que ces derniers soient responsables et fassent leur part. Le natif de la lune tendre est loyal et consciencieux. Il pourra faire sa place là où il le souhaite. Mais qu'il n'oublie pas de vivre pleinement sa créativité, que ce soit dans les loisirs ou au travail.

En amitié, ce natif pourra fréquenter beaucoup de gens, car il s'adapte aisément à toutes sortes de tempéraments. Cela dit, il devra s'éloigner de ceux qui tenteront de le manipuler et de lui faire miroiter des choses impossibles. Avec le temps, il saura faire sa niche là où il pourra être heureux. C'est un être qu'on aimera toujours facilement.

La lune tendre et les autres

La lune tendre et la nouvelle lune: association moyenne. Ces deux-là sont un peu de la même trempe; ils s'entendront dans une soirée, mais pourraient se tomber sur les nerfs au quotidien. En équipe, ils pourront se comprendre.

La lune tendre et la lune tendre: association moyenne ou bonne. Qui se ressemble s'assemble, dit-on, et c'est vrai dans ce cas-ci, mais seulement jusqu'à un certain point. Ils voient les choses de la même manière, prennent des décisions semblables, ont des goûts communs, mais il manque à leur association un certain réalisme, à moins de ne pas être nés durant la même saison.

La lune tendre et la lune montante : bonne association. Cependant, le natif de la lune tendre aura parfois l'impression que le natif de la lune montante veut lui faire la leçon ou se prend pour un autre.

La lune tendre et la lune bombée : bonne association. Ces deux-là s'entendent, ils peuvent se comprendre. L'équilibre est bon.

La lune tendre et la pleine lune : bonne association. Le natif de la lune tendre supportera l'égoïsme de la pleine lune. Il l'admirera souvent. La pleine lune l'appréciera et lui en sera reconnaissante.

La lune tendre et la lune dispensatrice : bonne association. L'équilibre se crée immédiatement, ils sont faits pour se comprendre et s'apprécier.

La lune tendre et la lune avisée : c'est tout l'un ou tout l'autre. Le côté je-sais-tout de la lune avisée pourrait agacer le natif de la lune tendre, et le côté je-suis-innocent de la lune tendre pourrait agacer la lune avisée. S'ils accueillent simplement leurs petits défauts respectifs, ils feront une bonne alliance.

La lune tendre et la lune cachée : tout comme pour le quatrième quartier, c'est tout l'un ou tout l'autre. Le côté mystérieux de la lune cachée émerveillera la lune tendre. Ils se raconteront des histoires. Différents l'un de l'autre, ils s'équilibrent.

Son mois de naissance et sa signification

La lune tendre de janvier est active, toujours prête à relever des défis, imaginative et friande des plaisirs de la vie. C'est une lune tendre, à qui il sera donné d'accomplir beaucoup. On trouve ici de grands actifs.

La lune tendre de février est un peu rêveuse. Elle pause, elle charme, elle suscite de tendres sentiments. Elle aime bien les histoires qui débutent, mais peut facilement s'ennuyer au quotidien. Son imagination est vive.

La lune tendre de mars est forte, énergique, en santé. Elle impressionne par sa capacité de réagir, par son effica-cité, par son incessante activité. Au quotidien, bonne vivante, elle s'assure du bonheur de chacun. Elle peut compter sur la chance. Elle est favorisée.

La lune tendre d'avril est fonceuse. Il arrive qu'elle soit naïve et qu'elle se laisse impressionner par les autres. Si elle s'entoure de gens fiables et un brin sérieux, elle sera heu-reuse. Son goût du bonheur et son sens du beau la guident vers ce qui lui convient.

La lune tendre de mai est fantasque, imaginative, rêveuse. Elle a un côté artiste : elle éveille les autres par ses remarques et ses analyses étonnantes. C'est une personne pleine de ressources et de talents, et il importe qu'elle les exploite. Autrement, elle s'ennuie.

La lune tendre de juin a un côté paresseux, léger, mais elle est toujours d'agréable compagnie. Elle se plaît à ne rien faire, mais avec le temps elle deviendra active et curieuse de tout. Elle est aimante et loyale.

La lune tendre de juillet aime la belle vie, le luxe, les doux plaisirs. Elle sait cultiver les petits bonheurs comme les grands. L'air de rien, elle saura guider ses proches et les soutenir dans l'adversité.

La lune tendre d'août est étonnante. On la croit innocente, mais en réalité elle est à son affaire. Relativement sérieuse, elle pèse le pour et le contre avant de s'engager dans une voie ou dans une autre, de prendre une décision. Ce natif possède un grand sens des responsabilités.

La lune tendre de septembre est parfois pointilleuse, toujours précise. Rationnelle et stable, elle sait garder du temps pour les plaisirs de la vie. Elle est rarement désordonnée et on peut se fier à son jugement. C'est une lune lucide.

La lune tendre d'octobre prend du temps avant d'accorder sa confiance, mais une fois que c'est fait on peut être sûr que ce sera durable. Le natif de cette lune tendre est fiable, il a le cœur sur la main.

La lune tendre de novembre est parfois tourmentée, parfois drôle. Sensible aux ambiances, elle ressent tout, le bon comme le moins bon, et voit ce qui est vrai et ce qui ne l'est pas. Elle aime ce qui est imaginaire. C'est un être créatif.

La lune tendre de décembre a de l'énergie et le goût de bouger. Elle est capable d'accomplir plusieurs tâches à la fois. Ce natif est, psychiquement et physiquement, rempli d'énergie.

Votre destinée

La vie vous réserve bien sûr des surprises, mais vous êtes promis au succès et, surtout, à la stabilité. Ce que vous entreprenez réussit. Vous êtes souvent prospère en vieillissant.

Période peu faste, période faste

Pour toute amorce de projet, ce natif préfère la période de la lune tendre et de la lune montante, soit du 4e au 10e jour de la lunaison. Il peut également profiter de la chance durant la période de la lune dispensatrice, du 17e au 20e jour du cycle.

À éviter : commencer un projet en fin de cycle. Pendant que la lune est cachée, faites comme elle, restez dans l'intimité.

Conseil

Impulsif, vous vous décidez rapidement et revenez parfois sur vos décisions. Donnez-vous le droit de changer d'idée, mais prenez l'habitude de réfléchir avant d'agir.

Ce qui lui porte bonheur

Le *diamant* est symbole de lumière et de perfection, et votre lune s'en accommode très bien. Un peu de luxe, un jour, si vous pouvez vous le permettre, pourquoi pas ! En cadeau, c'est encore mieux.

Les *champignons* étant des végétaux particulièrement lunaires, la lumière du soleil ne leur est pas nécessaire. Leur croissance est rapide et ils dépendent essentiellement de l'eau et, donc, de la lune. Ils vous sont bénéfiques. Apprêtez-les de mille et une manières.

La *licorne* est symbole de puissance, elle est votre porte-bonheur. Par sa corne, elle annonce le faste et la pureté, deux dons qui vous ont été octroyés. C'est un animal de bon augure. Imaginez-en une quand vous visualisez qu'un de vos vœux se réalise.

3

La lune montante

> « Qui est le plus utile, le soleil ou la
> lune ? La lune, bien entendu ; elle
> brille quand il fait noir, alors que le
> soleil brille uniquement quand il fait
> clair. »
>
> Georg Christoph Lichtenberg

Le natif de la lune montante est un être lucide et imaginatif.
Il est franc.

Ce natif est à la fois rêveur et réalisateur. Bien sûr, il a la
tête dans les nuages, mais cela ne l'empêche nullement de
travailler d'arrache-pied pour obtenir ce qu'il souhaite,
pour atteindre ses objectifs. Il semble tendre, bon enfant,
mais ne vous fiez pas aux apparences : il saura toujours tirer
son épingle du jeu.

Le natif de la lune montante est généralement diplomate. Sociable et avenant, il adore les réunions, les fêtes, les
rencontres, et aime écouter autant qu'être écouté. Il est ravi
lorsqu'il apprend quelque chose de nouveau et ne dédaigne
pas les conversations, les discussions, voire les potins.

Ce natif est également joueur. Lorsque vient le temps
de s'amuser, il est toujours prêt. Il ne perdra pas son argent
au jeu (il est fondamentalement un être prudent), mais il
aura toujours un côté hédoniste très fort. Les vacances, c'est
son fort, tout comme les fêtes.

On le dit naturellement comédien. Il ne dédaignera pas vous mener en bateau et peut vous mentir effrontément sans que vous ayez le moindre doute sur la véracité de ses propos. Cela dit, il est généralement honnête, ce qui ne l'empêche pas de garder en tête ses objectifs. Le but est plus important que les moyens, selon lui. Ses principes sont malléables. Son côté théâtral, on le remarque au quotidien, car il sait faire de chaque jour une fête.

Le natif de la lune montante conserve toujours une bonne dose de prudence. Il calcule plus précisément qu'on le croirait. Il mesure les risques avant d'agir, réfléchit et oublie parfois, par simple peur d'aller de l'avant, que la vie vaut la peine d'être vécue pleinement. Il peut choisir de se contenter de peu s'il a peur de perdre au change.

Côté loisirs, même si c'est un être de plaisir, il a un tempérament un peu inquiet. S'il part en voyage, il peut lui arriver de s'en faire à outrance. S'il n'est pas dans son milieu habituel, il peut perdre ses moyens, sa faconde, se sentir démuni. Cela dit, il aime bien se faire des peurs et ses loisirs peuvent tourner autour de films d'épouvante ou de romans policiers. On trouve des natifs de la lune montante chez les adeptes de sports extrêmes. C'est un imaginatif, un créatif, et il a toujours de bonnes idées. Qu'il fuie la routine, s'il veut être heureux, ou que son travail routinier soit accompagné d'une passion pour un hobby.

Sur le plan de l'amitié, bien qu'il soit extraverti et sociable, il préférera quelques amis fidèles à plusieurs relations impersonnelles. Il n'est pas du genre à se confier au premier venu et possède un côté réservé malgré une certaine candeur. Il ne déteste d'ailleurs pas la solitude. Il aime bien jouer seul, travailler seul et même, parfois, parler tout seul! Il a une vie réelle, mais aussi une vie imaginaire. C'est un gâté, au fond!

Dans ses rapports avec les gens, celui qui est né sous la lune montante est d'une grande curiosité et s'intéresse à tous les gens qui l'entourent. Il a d'ailleurs un bon équilibre dans ses relations, n'ayant ni tendance à trop s'oublier ni tendance à prendre toute la place. Cet équilibre le sert dans ses relations avec les autres, qui ne s'éloigneront plus une fois qu'ils lui auront donné leur confiance.

En amour, ce natif est un tendre, un romantique. Quand il aime, c'est important et même passionnant. Cependant, comme il est rêveur, ses amours peuvent aisément en rester au stade des rêveries. Il y est habitué et ne s'en fait pas avec cela. S'il s'engage, il n'en démordra pas; il restera là d'une façon ou d'une autre, car il n'a pas tendance à croire qu'une histoire d'amour peut finir. Les relations se transforment; il a la sagesse de savoir cela assez jeune et il s'en accommode, n'exigeant pas l'impossible. Cela dit, ça ne l'empêchera pas de rêver, car dans la vie de ce natif la partie du rêve reste toujours primordiale. Le rêve n'exclut pas le réel, cependant, pas plus que le contraire, d'ailleurs.

Sexuellement, le natif de la lune montante est vigoureux, équilibré et sensuel. C'est un être de plaisir. S'il a des ennuis, il peut les régler. Ce qu'il aime par-dessus tout, cependant, c'est de plaire, de charmer, de marivauder, de flirter. Il n'a pas toujours besoin de passer aux actes. Son «libertinage» se trouve plus dans ses paroles que dans ses actes, car il prend au sérieux ses relations intimes.

Professionnellement, il réussit en général très bien. Son côté inventif l'aide beaucoup, car il lui permet de développer exactement ce qui lui convient. Ayant un bon esprit de synthèse, il fait rapidement le tour d'une question, détectant les intérêts d'une situation et la manière dont il pourra le mieux s'en servir. En outre, ses idées nombreuses sont généralement appréciées de son entourage.

Cela dit, il ne déteste pas se sentir supérieur aux autres. En tant que patron, il est tout à fait à sa place, jouissant d'un statut qu'il apprécie toujours. En tant qu'employé, il est plus rebelle et il faut lui laisser de la liberté pour qu'il se sente à son aise. Étant responsable de nature, il s'acquittera de ses tâches. Mais si on le laisse diriger, il s'en acquittera mieux et avec une meilleure humeur.

On dit qu'il peut réussir dans tous les métiers, mais qu'il excelle dans le théâtre, le commerce, l'architecture et les sciences. Il a souvent un côté précis, voire pointilleux, qui lui est utile au travail. Il détecte rapidement les erreurs et possède une nature travaillante. La paresse n'existe pas chez ce natif, à moins qu'il n'ait vraiment pas su trouver le métier qui lui convient.

En matière d'argent, il peut être prudent jusqu'à la méfiance. Il s'organise toujours pour tirer son épingle du jeu et s'en sort généralement très bien. C'est chez les natifs de la lune montante qu'on trouve les gens très économes, voire, dans quelques cas, les avares! Dans tous les cas, il brasse généralement de grosses affaires. Il aime bien l'argent et a tout avantage à s'organiser de manière à en avoir toujours assez.

Aura-t-il de la chance? Cela peut arriver, mais il vaut mieux qu'il ne table pas là-dessus. Ses deux bonnes étoiles sont l'inventivité, qu'il possède dans tous les secteurs de sa vie, au quotidien comme dans les situations exceptionnelles, en amour comme au travail, et sa forte énergie, qui lui permet d'en faire plus que la plupart des gens autour de lui. C'est un infatigable, qui réussit grâce à sa persévérance.

La lune montante et les autres

La lune montante et la nouvelle lune : assez bonne association. L'innocence de la nouvelle lune et l'esprit vif de la lune montante ont des retombées positives. Bénéfique pour les réalisations concrètes.

La lune montante et la lune tendre : excellente association. Ces deux-là pourront se comprendre. Ils sauront s'épauler, se donner la main dans les moments difficiles, et rire ensemble.

La lune montante et la lune montante : excellente association. Très semblables, mais tous deux équilibrés, ils vivront des plaisirs renouvelés. Grande ouverture d'esprit.

La lune montante et la lune bombée : bonne association. C'est une alliance prometteuse, et ils sauront se parler, s'expliquer. Ils ont souvent la même perspective et des opinions semblables, ce qui assure l'harmonie.

La lune montante et la pleine lune : association instable. La pleine lune pourrait nuire au natif de la lune montante. Et ce dernier a tendance à penser qu'il peut se moquer de la pleine lune. Erreur !

La lune montante et la lune dispensatrice : bonne association. L'entente est assurée. Ils voient souvent les choses de la même manière. Ils s'équilibrent et partagent facilement.

La lune montante et la lune avisée : à éviter. Le problème, c'est que le natif de la lune avisée est trop lucide pour la lune montante. Cependant, s'ils ont tous deux fait du chemin, ils pourront s'apporter beaucoup.

La lune montante et la lune cachée : association moyenne ou indifférence. Ils ont souvent peu en commun, et s'ils s'entendent, ce sera dans le cadre d'activités précises : ils pourront ainsi être partenaires de tennis, de ski...

Son mois de naissance et sa signification

Le natif de la lune montante de janvier est stable, équilibré ; il calcule, compte, évalue, mais ne manque jamais de générosité. Il communique assez facilement. Dans l'intimité, il doit apprendre à faire part de ses émotions, à se libérer au jour le jour.

Le natif de la lune montante de février est un être doux, rêveur, mais qui sait tout de même voir à son affaire. C'est un être intègre, mais parfois trop franc, cela par sensibilité extrême et non par dureté.

Le natif de la lune montante de mars est un être infatigable. Il a de l'ambition, mais il apprécie également les plaisirs de la vie. S'il fait place à ces deux tendances, il sera satisfait et facile à vivre.

Le natif de la lune montante d'avril peut avoir un côté fou. Il peut être soupe au lait, mais il est certainement drôle. C'est un être qu'on aime côtoyer, mais dont les émotions peuvent être fortes. Il cultive le calme et évolue dans un environnement paisible.

Le natif de la lune montante de mai aime le plaisir, et lui fait parfois toute la place. Curieux de tout, il aime bien apprendre et ne se lasse pas d'en découvrir toujours davantage sur les sujets qui lui tiennent à cœur. Il a aussi le sens de la famille.

Le natif de la lune montante de juin est une personne facile à vivre. Il est attentif à ses proches et très généreux. Un tel être pourra compter sur la chance, mais aura avantage à se discipliner.

Le natif de la lune montante de juillet peut sembler paresseux alors qu'il est en réalité actif, précis, attentif. On ne le berne pas, mais il conservera toujours un petit air innocent et il aura un charme fou.

Le natif de la lune montante d'août est un être souvent pointilleux qui semble étourdi, dans la lune, rêveur. Il a plus d'ambition que la moyenne des gens. Il avance lentement en tout, mais il atteint ses objectifs.

Le natif de la lune montante de septembre doit être stimulé intellectuellement. Il aime apprendre. C'est une personne qui peut être tourmentée si son esprit n'est pas occupé. S'il est actif, ce natif vivra bien.

Le natif de la lune montante d'octobre est tendre comme du bon pain. Il aime aimer et être aimé. C'est un être qui donne la priorité à la vie du cœur, ce qui ne l'empêche aucunement de développer ses multiples talents.

Le natif de la lune montante de novembre est un être entreprenant. Il peut diriger les autres, les guider, il a l'étoffe d'un chef. Il est affable mais décidé. Il ne prend rien à la légère ; c'est un être responsable.

Le natif de la lune montante de décembre a le sens de la fête. Il est bon et travaillant. Il doit cultiver son sens de l'initiative, sans quoi l'ennui pourrait le gagner.

Votre destinée

Elle est égale et stable. Pas de montagnes russes en vue. Vous ne perdez pas vos objectifs de vue, ce qui vous sert toujours.

Période peu faste, période faste

Autour de la nouvelle lune, vous aurez le vent dans les voiles et tout vous réussira.

À la pleine lune, ne commencez rien, profitez de tout, faites-vous plaisir.

Conseil

Vous avez parfois tendance à être trop précautionneux et à ne pas prendre de risques de peur de perdre ce que vous avez déjà. Or, celui qui refuse d'être audacieux oublie que l'avenir appartient à ceux qui osent. Développez continuellement votre confiance dans l'avenir.

Ce qui lui porte bonheur

La *perle* évoque le globe lunaire. Elle a longtemps été considérée comme un symbole d'éternité. Cléopâtre buvait des perles après les avoir fait dissoudre dans du vinaigre pour tenter d'acquérir cette immortalité. Portez des perles. Si on vous en offre, prenez soin de donner une pièce de monnaie à la personne qui vous aura fait ce don. Vous pouvez aussi en donner.

Le *palmier* est considéré comme un arbre lunaire; on raconte qu'il est le seul qui voit apparaître une branche à chaque nouvelle lune. Faites-en votre arbre. Visitez les pays où il pousse, vous y trouverez le bonheur.

La *chouette* est symboliquement associée à la lune. Attribut de la déesse Athéna, incarnation de la sagesse et de la clairvoyance, cet oiseau nocturne est l'équivalent lunaire de l'aigle solaire. Elle vous soutiendra dans la nuit.

4

La lune bombée

> «Si le soleil et la lune se mettaient à douter, ils s'éteindraient sur-le-champ.»
>
> William Blake

Le natif de la lune bombée est un être réaliste et stable. Il avance résolument vers ce qu'il souhaite.

Cette lune bombée, qui précède la pleine lune, emmagasine une tonne de secrets, d'espérances, d'objets, d'informations. C'est une personne pleine de ressources qui ne tient pas à perdre son temps sans réaliser ses rêves.

Malgré tout, le natif de la lune bombée reste réaliste dans tous les secteurs de son existence. Il observe longuement avant de s'avancer et va de l'avant seulement après s'être assuré que ses pas en vaudront la peine. Il ne s'illusionne pas, ou du moins jamais longtemps. Lucide et vigilant, il sait détecter ce qui va bien et ce qui va moins bien. Son réalisme le sert beaucoup, mais l'empêche parfois de prendre des risques dans des secteurs intéressants. Si les risques liés à une entreprise lui semblent trop importants, il hésite, s'arrête et recule, ce qui peut lui faire perdre quelques bonnes occasions. Il ne s'en plaindra pas pour autant, car son réalisme le rend également responsable de lui-même et peu enclin à cultiver l'impression qu'il subit les faits. Il regarde, note, fait une synthèse. Il connaît toujours sa part de responsabilité et celle des autres.

Par ailleurs, la personne de la lune bombée est pudique. Elle ne se livre pas facilement. Elle est souvent peu aventureuse et il lui arrive de s'ennuyer parce qu'elle aura manqué d'audace.

On cite souvent l'être de la lune bombée comme un exemple de réalisme et pour son sens des décisions. Cet être semble savoir où il va dès son plus jeune âge. Cela le sert.

Le natif de la lune bombée a généralement un sens de l'humour très apprécié de son entourage. Il a toujours le mot pour rire et pour dénoncer des situations saugrenues. Il prend la vie comme elle vient et n'a pas tendance à dramatiser, à souffrir pour rien, à s'inquiéter indûment. Il est généralement facile de vivre aux côtés d'une personne du deuxième quartier de la lune tendre. Un bémol ? Il lui arrive de se résigner pour rien. Devant la difficulté, il changera d'orientation et n'aura pas toujours le réflexe de se défendre, de lutter pour ses opinions, de chercher à contourner des obstacles. Si quelque chose ne semble pas fonctionner, il changera de cap rapidement, ce qui sera parfois la décision la plus sage, parfois une belle occasion manquée.

Il lui arrive de se révolter contre les injustices ; alors, il se fâche, discute, revendique. C'est d'ailleurs souvent chez les gens de cette lune bombée qu'on trouve les politiciens les plus aguerris.

Au quotidien, le natif de la lune bombée a un côté paresseux. Il aime bien se faire servir et vous le verrez souvent en compagnie de gens qui lui rendent de menus services. Il est autonome, mais il aime le confort et apprécie qu'on le traite aux petits oignons. Avec son entourage, il cultive l'harmonie : les complications l'ennuient et il préfère de loin simplifier son existence.

Côté travail et activités, cet être a généralement tous les talents. Il aura du succès, car c'est le plus doué des signes. Quelle que soit sa profession, il aura les talents nécessaires. Il a donc le choix. Cela dit, il a besoin d'une cour, d'un public, de compliments, de « renforcement positif ». Il ne sera pas stimulé s'il est trop longtemps seul, et il s'ennuiera vite s'il doit travailler en solitaire, à moins de pouvoir montrer ses résultats au plus grand nombre par la suite.

Il a malgré tout un côté paresseux, dilettante et bon vivant. Il peut cependant très bien se contenter d'un emploi plus ou moins plaisant si cela lui assure un avenir satisfaisant. Il se passionnera alors pour un hobby et sera sûr d'avoir une retraite tranquille.

Souvent révolté intérieurement, il est en mesure de comprendre les injustices et de saisir ce que son entourage vit réellement. Il n'a pas tendance à juger les autres ; grâce à son côté réaliste, il s'accommode de ce qui est sans demander l'impossible. Avec les proches comme les moins proches, il a beaucoup de succès. Il sait écouter sans juger. Bienveillant et sociable, il devine ce que les autres pensent et souhaitent, et va souvent au-devant de leurs désirs. De plus, il ne souhaite pas à tout prix avoir le dessus sur les autres. On se confie facilement à un être né sous la lune bombée. Il est discret et de bon conseil. Étant lui-même de nature réservée, il apprendra jeune à garder des secrets, ce qui en fait un confident exemplaire. En réalité, il ne prend pas trop à cœur les problèmes des autres, ce qui fait qu'il peut écouter patiemment les personnes qui se confient à lui.

L'être de la lune bombée est équilibré : s'il aime sortir, voir des gens, il peut également être casanier, vivre dans son petit nid douillet. Il saura équilibrer ses sorties, et on ne le verra ni trop souvent ni trop peu souvent. Il entretient des rapports cordiaux avec tous. Ce n'est pas un solitaire, et il vaut mieux qu'il ne se trouve pas trop longtemps en position de retraite sociale. Il faut savoir également que ce natif supporte mal les reproches ; il n'oublie pas et préfère, et de loin, être complimenté et approuvé.

En amour, il n'est pas à l'abri des passions, mais il les vivra en toute réserve. Étant quelque peu fataliste, il peut lui arriver de ne pas partager ses sentiments alors qu'il gagnerait à s'ouvrir. Il ne s'engage pas à la légère, mais seulement après mûre réflexion. Il se trompe rarement, et si cela lui arrive, ce sera plus souvent pour s'être contenté de peu que pour avoir vécu une passion au grand jour. Il privilégie l'entente et s'associe avec des gens qui lui semblent vraiment dignes de confiance. Au quotidien, c'est un être chaleureux, facile à vivre, qui fera tout pour rendre heureux l'élu de son cœur. Il aime la stabilité, il est responsable et fera en sorte que l'être cher soit bien en sa compagnie. Sa sexualité est stable, quoique parfois un peu lente à s'exprimer. Sur le plan de la santé, il a intérêt à s'occuper de son bien-être en matière de nutrition et de sommeil. Tout excès aura des retombées.

En matière d'argent, le natif de la lune bombée est avisé. Il est prévoyant, il pense à ses vieux jours, il économise et donne peu. Il ne brille pas par sa générosité ni par un sens malsain de l'économie. Stable et sûr de lui, il pratique toujours le proverbe « Charité bien ordonnée commence par soi-même ».

C'est un être qu'on gagne à connaître; le temps dévoile ses qualités. Il possède la force et le charme de la pleine lune, mais pas son orgueil. Bien entouré, il peut accomplir de grandes choses.

La lune bombée et les autres

La lune bombée et la nouvelle lune: bonne association. La nouvelle lune insufflera de l'énergie au natif de la lune bombée, elle lui donnera des idées. Un peu essoufflant, mais intéressant.

La lune bombée et la lune tendre: bonne association. Ils s'épauleront et se donneront mutuellement beaucoup. Ils peuvent s'entendre longtemps.

La lune bombée et la lune montante: excellente association. Ces deux-là s'estimeront profondément. La lune bombée pourra susciter l'admiration de la lune montante, ce qui lui fera plaisir.

La lune bombée et la lune bombée: à éviter. Trop semblables, ils pourraient s'ennuyer ensemble. Mais cette association peut s'avérer bénéfique s'ils recherchent avant tout la tranquillité et l'harmonie.

La lune bombée et la pleine lune: bonne association. Ils s'aiment bien ou plus encore. Ils s'entendent bien. Le natif de la lune bombée ne prend pas très au sérieux celui de la pleine lune mais le respecte tout de même. Ils peuvent vivre une union ou une association durable.

La lune bombée et la lune dispensatrice: association moyenne. Pour le natif de la lune bombée, la lune dispensatrice est inquiétante, peu rassurante, déstabilisante.

La lune bombée et la lune avisée: très bonne association. Ils s'entendront, collaboreront efficacement, s'aimeront parfois beaucoup. Le seul hic: le caractère complexe de la lune avisée peut parfois irriter le natif de la lune bombée.

La lune bombée et la lune cachée: très bonne association, surtout s'ils travaillent ensemble. Dans la vie amoureuse, le deuxième quartier trouvera complexe la lune cachée.

Son mois de naissance et sa signification

Le natif de la lune bombée de janvier prend toujours sa juste place dans la vie. Il est équilibré, assez confiant, et s'il perd quelquefois sa joie de vivre, on peut être sûr qu'il la retrouvera vite. C'est une personne active, qui sait veiller sur ses intérêts et atteint ses buts.

Le natif de la lune bombée de février est actif par rapport à son entourage. S'il est du signe du Verseau, il brillera par son réalisme et son esprit terre à terre. S'il est né sous le signe des Poissons, il sera moins rêveur que son signe. En fait, le natif du deuxième quartier de février possède avant tout un sens aiguisé de la réalité, ce qui le sert souvent.

Le natif de la lune bombée de mars est d'emblée un être énergique et joyeux. Il est bourré de talent et son entourage est précieux, l'aidant souvent à réaliser ses objectifs. Son optimisme mesuré le sert bien.

Le natif de la lune bombée d'avril peut parfois sembler bien excité. Il a toujours plusieurs idées en tête et semble parfois peu intéressé par les autres. C'est un être qui accomplira de grandes choses et qui sera très bien dans sa peau, à condition de savoir se retirer dans la solitude de temps en temps. Le calme lui sera très utile.

Le natif de la lune bombée de mai peut ressembler à un natif de la pleine lune. Il lui arrive d'être un peu prétentieux ou de sembler l'être. En réalité, il est bien dans sa peau, confiant en lui-même et souvent simplement heureux de vivre.

Le natif de la lune bombée de juin a toujours l'air en vacances. Il ne s'en fait pas avec grand-chose et, quand il s'inquiète ou se questionne, il le cache bien. C'est un être qui sait faire la part des choses... et surtout faire la place belle aux doux plaisirs de la vie.

Le natif de la lune bombée de juillet n'a rien du paresseux, contrairement aux apparences. Plus souvent qu'autrement, il bouge lentement et semble ne rien faire, mais il cogite fort et, une fois sa décision prise, il agit sans jamais se retourner. Jeune, il pourra se questionner sur le passé ; avec le temps, il n'aura d'intérêt que pour le futur.

Le natif de la lune bombée d'août se trouve aux prises avec quelques hésitations. Il voudrait être le premier ; or, il ne l'est pas toujours. Il réfléchit beaucoup, n'étant jamais tout à fait sûr d'être à sa place et surtout d'avoir reçu – de la vie, des proches... – ce qu'il mérite. Se questionnant, il avance, il évolue, il se fait une raison. Il devient sage, avec le temps, mais garde toujours un air juvénile et plaisant.

Le natif de la lune bombée de septembre est à son affaire. Il aime l'abondance. Il récolte ce qu'il sème et il sème... beaucoup et avec régularité. Il est toujours au courant des derniers développements, des dernières découvertes qui pourraient l'aider à semer... et à récolter. C'est souvent un infatigable travailleur.

Bien que le natif de la lune bombée d'octobre ait un côté «regardez-moi, aimez-moi», il sait toujours garder la mesure de manière qu'on continue de l'aimer. Il est très curieux intellectuellement et sait généralement beaucoup plus de choses que la plupart des gens de son entourage. Il enseigne et renseigne très bien.

Le natif de la lune bombée de novembre est paisible, positif et de commerce agréable. Il ne trompe pas, ne fait pas miroiter l'impossible aux autres et tient ses promesses. C'est un être sûr de lui, mais sans prétention. Il réussit généralement très bien.

Le natif de la lune bombée de décembre est un être sensible et tendre. L'effervescence de cette période de l'année influence tout de même sa nature profonde : il brille de mille feux. C'est un être chaleureux et généreux.

Votre destinée

Votre destinée est plus excitante et joyeuse que tranquille. Vous souhaiteriez parfois plus de calme. Vous réussirez par la patience, la ténacité. Votre présence est forte, et votre intimité, heureuse.

Période peu faste, période faste

Évitez de commencer un projet, de négocier ou de vous expliquer avant le début de la lune décroissante.

Tous les jours, du 16e au 26e jour, vous sont favorables.

Conseil

Intérieurement passionné, parfois même bouillant, vous avez intérêt à cultiver le calme intérieur par des activités physiques comme le yoga. Méditez, vous en tirerez de grands bienfaits.

Ce qui lui porte bonheur

Le métal *argent* vous stabilise. Portez-en. Tout ce qui est de couleur ivoire vous calmera en période difficile ; évitez toutefois d'en porter si vous vous sentez sans énergie.

Le *tamaris* est considéré en Chine comme un arbre d'immortalité. Il ressemble au pin. Plantez-en un dans votre jardin et vous connaîtrez l'abondance.

Le dieu de la lune, chez les Mayas, est représenté recouvert d'une cuirasse en écailles de *tortue*. Sa longévité fait en sorte qu'on l'associe à l'immortalité. Il symbolise aussi la fertilité. Lorsque vous voyez une tortue, faites le souhait de quelque chose de durable.

5

La pleine lune

« La multitude des étoiles soutient la lune. »

Proverbe chinois

Le natif de la pleine lune est un être organisé, calculateur, charmant et chanceux. Il peut se révéler orgueilleux.

D'apparence souple, gentil, débonnaire, généreux, le natif de la pleine lune est méthodique, organisé, ambitieux. Il veille avant tout à ses intérêts. Il réussit tout ce qu'il entreprend, sachant toujours tirer son épingle du jeu. Diplomate et affable, il favorise les contacts utiles et tisse les liens qui lui serviront. L'être né sous une lune pleine est accueillant, charmant. Son visage – souvent rond – incite à la confiance, ce qu'il reçoit toujours de ses proches (de qui il prend grand soin), mais moins souvent des autres, dont il se préoccupe d'ailleurs assez peu. Perspicace, il sait immédiatement qui mérite son attention.

C'est un être sociable, à l'aise en société, qui a du plaisir à voir du monde et aime faire des rencontres. Il plaît beaucoup, ce qui lui fait plaisir. Cela dit, on ne peut abuser de lui, car il est méfiant, intelligent, vif. Tenter de le mener en bateau serait pure perte de temps.

Le natif de la pleine lune est en réalité un jouisseur réfléchi, prudent et organisé. S'il peut tirer du plaisir d'une situation, il s'en donnera à cœur joie, à condition qu'il soit sûr qu'à long terme cela ne lui nuira pas. Il ne confie pas son bonheur au hasard et s'en occupe avec assiduité. Il atteint toujours ses objectifs même s'il lui arrive d'avoir des doutes et des craintes secrètes.

Sur le plan amoureux, la pleine lune est bonne pour son partenaire ; elle lui fera la part belle et prendra résolument sa défense, car elle a le sens du couple et du clan. Ce natif donne toujours raison à l'être aimé ; il l'appuie, l'encourage, s'en occupe, le soigne, le dorlote. S'il saute la clôture, il rentrera vite là où il se sent en sécurité. Si le natif de la pleine lune peut sembler simple et facile à vivre, détrompez-vous : il est plutôt exigeant et plus tourmenté qu'il n'y paraît de prime abord. La personne qui l'aime doit faire preuve d'une grande compréhension et d'une fidélité exemplaire, sans quoi il pourra s'en détacher. Il préfère aimer ceux qui font son affaire : l'être qui ne correspond pas à ses prévisions, qui ne répond pas complètement à ses attentes, perdrait son temps à espérer. Si un natif de la pleine lune est charmant avec vous, sachez tout de même que vous avez affaire à un don Juan ou à une princesse. Le natif de la pleine lune fera tout pour arriver à ses fins, mais il peut tout aussi bien perdre intérêt une fois la proie saisie.

Sa sexualité est bonne, vive, vigoureuse même, mais il ne se laisse pas mener par elle, bien qu'on puisse le croire. Il reste en contrôle de ses émotions comme de ses désirs. Sur le plan de la santé, la personne née sous une pleine lune est gourmande et elle devra donc faire attention de ne pas prendre trop de poids et de bien se nourrir. Cela dit, ce natif possède une excellente vitalité et des nerfs d'acier, ce qui l'aide beaucoup au fil des jours. Une bonne nuit de sommeil suffit à le renouveler complètement.

Au travail, le natif de la pleine lune impose facilement ses vues ; on le suit et on a tendance à lui donner raison. En réalité, il travaille (en coulisses) assez fort pour cela. À la fois actif et paresseux, il gère remarquablement son emploi du temps et cultive un bel art de vivre. Il peut exercer toutes sortes d'emplois, mais il préférera être patron ou à son compte, plutôt que subalterne. Étant profondément certain de sa supériorité, le fait d'acquiescer aux demandes de quelqu'un peut le déprimer ou lui faire perdre intérêt. Cela dit, il faut ajouter que si un natif de la pleine lune a confiance dans une équipe de travail ou un patron, il deviendra un élément très précieux pour son entreprise. En tant que patron, le natif de la pleine lune est celui dont on dit qu'il a une main de fer dans un gant de velours. Si ce natif veille à toujours respecter les autres, il réussira à se faire beaucoup d'alliés. Il aime le succès, ne s'en cache pas et l'assume pleinement ; de plus, il sait le partager avec ceux qui y ont contribué, car il est honnête.

Le natif de la pleine lune est meilleur analyste ou critique que créateur. Il arrive souvent qu'il ait un sens artistique dans la mesure où il a le sens du beau. Il aime les beaux meubles, les beaux vêtements, les belles maisons... et les belles personnes. S'il est artiste, il visera à partager son sens de la beauté.

En matière d'argent, ce natif est habile. Il se trouve rarement dans une mauvaise situation et, si c'est le cas, ce sera certainement temporaire. Dépensier ou plutôt investisseur ? Il ouvre sa bourse pour acquérir de beaux objets ou des biens qui prendront de la valeur. Comme dans tout le reste, le natif de la pleine lune tient les rennes de manière à se rendre là où il l'a décidé.

Sur le plan de l'amitié, le natif de la pleine lune sait faire une différence entre un copain et un véritable ami. Étant diplomate et sachant tirer les ficelles de la meilleure façon, il connaît généralement beaucoup de gens et est attentif à être gentil avec chacun. Soit dit en passant, il est souvent très poli. Il a le sens des convenances et, s'il sent qu'un jour il aura peut-être besoin de vous, il vous charmera et s'assurera de vous plaire. Cependant, ce natif peut se révéler un excellent ami, quelqu'un d'une loyauté exemplaire. Son cercle est restreint, mais il est toujours disponible pour ceux qu'il aime.

Ce qui est notoire chez le natif de la pleine lune, c'est sa chance presque insolente. Qu'on lui attribue tous les défauts ou toutes les qualités du monde lui importe généralement peu, car il n'oublie pas, au fil des années, que la chance se pointe toujours dans sa vie au bon moment : les gens et les choses semblent se prêter à son jeu de bonne grâce.

La pleine lune et les autres

La pleine lune et la nouvelle lune : à éviter. Ils ont peu en commun, mis à part la chance, qui vient toujours à leur rescousse. Ils n'ont pas grand-chose à partager et, sauf dans de rares cas, leur association est déconseillée.

La pleine lune et la lune tendre : bonne association. Ils s'entendent et partagent souvent les mêmes opinions et les mêmes goûts. Hédonistes, ils aiment généralement tous deux le luxe. La pleine lune s'étonnera des dons de cœur de la lune tendre.

La pleine lune et la lune montante : pas toujours à recommander. Le natif de la lune montante ne tirera pas son épingle du jeu. La pleine lune est dotée d'une forte personnalité et pourra s'associer à des gens aussi puissants qu'elle.

La pleine lune et la lune bombée : bonne association. Ils se ressemblent et ont beaucoup en commun. Ils peuvent collaborer efficacement.

La pleine lune et la pleine lune : difficile association, sauf pour des moments précis. Ils ont tendance à s'affronter, mais connaissent leurs forces respectives et se respectent.

La pleine lune et la lune dispensatrice : assez bonne association. Ils s'entendront si la lune dispensatrice laisse le natif de la pleine lune gagner. Ils pourront aussi s'associer pour gagner.

La pleine lune et la lune avisée : bonne association. Le natif de la pleine lune bénéficiera des conseils du natif de la lune avisée. Ils ont tous deux une forte personnalité et peuvent se confronter sans trop en souffrir.

La pleine lune et la lune cachée : bonne association. La sagesse du natif de la lune cachée inspirera le natif de la pleine lune. Les capacités de ce dernier insuffleront de l'énergie au natif de la lune cachée et lui donneront le goût du succès.

Son mois de naissance et sa signification

Le natif de la pleine lune de janvier fait tranquillement sa vie, sûr de lui, réussissant tout ce qu'il entreprend. Du point de vue des relations intimes et sociales, cette personne peut sembler froide et parfois trop rationnelle. Mais au fil de ses attachements, de ses amitiés, de ses amours, elle réchauffera son cœur et apprendra à aimer.

Le natif de la pleine lune de février brille, mais regrette de ne pas réchauffer la nature. Il éclaire, peut guider n'importe qui, et sait enseigner, faire voir, éveiller les consciences. En s'entourant de gens chaleureux, il se développera davantage sur le plan humain. Son bonheur passe par ses proches, et sa réussite, par lui-même.

Le natif de la pleine lune de mars se demande parfois ce qu'il fait là. Il est remarquablement intuitif, sait lire les signes, et on ne le trompe pas. Il a un bon sens des relations humaines : il est toujours attentif à ce que les gens lui racontent, lui confient. Il est patient, confiant, optimiste sans être bête.

Le natif de la pleine lune d'avril est un être plein de surprises, de générosité, de contradictions. Il avance, il recule. Il est parfois fier, parfois honteux. Jeune, c'est un véritable tourbillon, mais avec le temps, il devient plus calme.

Le natif de la pleine lune de mai est joyeux, fantasque, amusant, drôle et imaginatif. Il est fier, content de lui, mais ne se prend pas pour un autre. Il passe dans la vie content, choyé, chanceux. Devant un obstacle, il trouve immédiatement quelqu'un pour le guider ou une idée pour vaincre la difficulté. C'est un être débrouillard.

Le natif de la pleine lune de juin est souvent beau, charmant et aimé. Il a beaucoup reçu de la nature. Une bonne fée s'est penchée sur son berceau. Il plaît à coup sûr, mais cela ne lui rend pas la vie plus facile. Son plus grand don : il a l'air de ne pas s'en faire. Il semble à sa place partout où il est. Avec le temps, il perce les autres à jour : il sait s'entourer de gens fiables.

Le natif de la pleine lune de juillet semble doux, tendre, affable. Il l'est, mais ne vous y trompez pas : il n'est pas que cela. Sous ses airs tranquilles, il sait exactement où il va et quand agir. C'est un ambitieux qui se donne des airs d'éternel vacancier. Il n'est bon que pour ses très proches, et ceux-là seuls peuvent s'y fier.

Le natif de la pleine lune d'août est un chanceux... qui travaille fort pour réussir. Comme bien des natifs de la pleine lune, il a presque l'air paresseux, ce qu'il n'est pas. Il lui arrive d'avoir peur que la bonne fée lui retire les dons et la chance qu'elle lui a confiés à sa naissance ; il se fait alors gentil et bon pour garder ses trésors. C'est un négociateur hors pair.

Le natif de la pleine lune de septembre est parfois sérieux, toujours à son affaire, assez fier de lui. Très poli, toujours bien mis, en parfait contrôle de lui-même, il ne se laisse pas détourner de ses objectifs.

Le natif de la pleine lune d'octobre est mystérieux et drôle tout à la fois. Il rappelle les temps anciens. Ce natif est prévenant, amusant, charmant, et veille tant sur les autres que sur lui-même. Il se confie très peu.

Le natif de la pleine lune de novembre est à la fois sensible et fort. Il va son chemin, semblant parfois inquiet, ce qu'il n'est pas vraiment. En fait, il connaît sa force, il est sûr de son charme et prend souvent les bonnes décisions. Sa force véritable réside dans sa capacité à rebondir. S'il est angoissé, il doit s'entourer de gens paisibles.

Le natif de la pleine lune de décembre est chaleureux en société, mais parfois froid dans l'intimité. Il a souvent tendance à travailler beaucoup ; quand il se passionne pour un sujet, il n'en démord plus. Avec le temps, il s'assagit et prend très au sérieux tout ce qui touche la vie intime.

Votre destinée

C'est une destinée heureuse ; à vous de la suivre doucement. Vous êtes pleinement maître de votre destin.

Période peu faste, période faste

Évitez de commencer un projet, un voyage ou de faire des rencontres pendant une éclipse de lune. Les temps de vieilles lunes ne vous sont pas favorables : donc, veillez à rester tranquille du 17e au 28e jour de la lunaison. La nouvelle lune vous est grandement favorable, tout comme les jours qui précèdent la pleine lune.

Conseil

Fuyez l'arrogance et vous vous en sortirez toujours bien.

Ce qui lui porte bonheur

Le métal *argent* servait dans le passé à fabriquer des miroirs. C'est toujours le métal par excellence de la lune, et le vôtre.

La *figue* est le fruit que vous devriez manger, tout comme la *pomme grenade*, lorsque vous souhaitez ardemment une période fertile en amour ou dans tout autre secteur de votre vie.

6

La lune dispensatrice

« La lune est le rêve du soleil. »

Paul Klee

Le natif de la lune dispensatrice est intuitif et actif. Il n'est pas toujours prévoyant.

Le natif de la lune dispensatrice semble stable, plein de bon sens, alors qu'en réalité il est souvent dépourvu de sens pratique. Ce qui l'aide : son intuition. Il a un flair exceptionnel et sait repérer les grandes chances.

Le natif de la lune dispensatrice est un être travaillant, qui a peu d'affinités avec la paresse, avec le farniente. Il s'active, il cogite, il agit et peut même s'agiter. En fait, il aimerait bien arriver à ne rien faire, mais il se souvient toujours de ce qui n'est pas terminé et continue de s'activer. S'il parvient à se calmer et à comprendre qu'il a besoin d'un équilibre entre action et réflexion, entre action et repos, il sera heureux.

La personne née sous la lune dispensatrice est généralement très ambitieuse. Elle a des buts élevés et est prête à tout pour les atteindre. Cependant, ce natif a souvent un côté imprudent, et il peut lui arriver de ne pas atteindre ses objectifs simplement par manque d'analyse sérieuse de la situation dans laquelle il se trouve.

Au quotidien, le natif de la lune dispensatrice peut s'ennuyer. En fait, il donne toute sa mesure dans les situations difficiles. Il a grand besoin de se sentir utile et il l'est quand les événements sont exigeants. C'est là qu'il trouve un sens à sa vie. Au beau milieu d'une catastrophe, on apprécie son savoir-faire et son sang-froid. Il aime par-dessus tout les défis.

Si rien d'urgent ne requiert son attention, il peut devenir morose et difficile à vivre. Il doit se donner des objectifs à long terme et difficilement accessibles. Il tirera des bénéfices d'une pratique sportive ou de l'exercice d'une profession exigeante. S'il peut relever des défis d'envergure, son côté fonceur et sa grande énergie pourront se libérer. Autrement, il trouvera le moyen de dramatiser ou de compliquer les situations à loisir.

Le natif de la lune dispensatrice ne se laisse déranger par personne. Les gens qui voudront lui mettre des bâtons dans les roues perdront leur temps. Cela dit, s'il croit en une personne proche de lui et si cette personne a foi en la même cause que lui, il sera généreux, présent, responsable et réconfortant.

Ce natif est vif d'esprit. Il peut changer d'opinion facilement, et ne déteste pas les ambiances dramatiques, les disputes, les réconciliations. En fait, ce qu'il n'aime pas, c'est perdre. C'est un ambitieux qui se trouve bien quand il gagne.

On le dit aussi désordonné, ce qu'il est effectivement parfois, sauf qu'en réalité, au beau milieu de ce qui semble un désordre, il retrouve tout, il se souvient de tout.

Est-il loyal? Certainement, oui, pour qui croit aux mêmes principes que lui, pour qui a les mêmes idées. Il se laisse davantage guider par les idées, par les principes, par certaines valeurs que par son entourage. Il est parfois actif politiquement. Il possède un code moral ferme et tolère mal les injustices. Cela dit, il ne déteste pas le paraître et, comme il aime réussir et gagner, il est très fier de ses connaissances, de sa maison, de son auto... Cette personne n'oubliera pas de vous dire qu'elle tutoie untel, qui est très en vue!

En amour, le natif de la lune dispensatrice a le cœur généreux. Cependant, il ne dit pas non aux complications et il lui arrive de vivre des amours impossibles. Les imprévus ne l'effraient pas; au contraire, ils le stimulent. C'est un intuitif qui sait si de mauvais ou de bons jours sont devant lui. Il peut se fier à ce qu'il ressent et sait éviter les catastrophes de justesse. Pas simple, il aura avantage à vivre auprès d'une personne qui l'accepte comme il est. Car c'est dans la complication qu'il donne sa mesure, qu'il est vraiment lui-même. Il est la preuve vivante que certaines personnes ne vieillissent pas en sagesse.

Sa sexualité est forte, vive, généreuse. Il aura toujours à cœur de rendre son partenaire heureux. Il aime tout de même le changement et il lui faudra, pour être comblé, un partenaire à sa mesure.

Quant à sa santé, elle est en dents de scie et il a donc périodiquement besoin de se ressourcer, de se reposer. Il lui faut alterner les périodes de travail intense et celles de repos bien mérité. Doté d'un tempérament combatif, il doit se dépenser physiquement.

Du point de vue du travail, le natif de la lune dispensatrice a de grandes idées, de grandes ambitions dans quelque secteur qu'il choisisse. Il ne voit pas les choses petitement et ne se contente pas de peu. Souvent plein de projets, il semble parfois manquer d'ordre et de méthode. En réalité, il sait où il va, même si son entourage peut se questionner à ce sujet. Il est plus ou moins facile à vivre pour ses collègues, ses patrons, ses employés. Comme il veut toujours gagner, il vaut mieux l'avoir de son côté, mais il faut alors accepter sa tendance à prendre beaucoup de place. Cela dit, il peut être un bon leader, surtout sur le plan des idées. Sa présence est souvent recherchée, car il a une intelligence vive et fine qui permet à tous de gagner du temps, de voir clair, d'éviter les faux pas.

En matière d'argent, le natif est difficile à comprendre. Un jour, il économise sur des détails, le lendemain, il fait des dépenses folles. Selon les périodes de l'année ou de la vie, il est économe ou dépensier. Cela dit, il est généreux avec ses proches et s'assure toujours qu'ils aient ce dont ils ont besoin.

C'est un être étonnant à bien des points de vue. Il n'est pas forcément facile à suivre au quotidien, mais avec lui on est sûr de ne pas s'ennuyer.

La lune dispensatrice et les autres

La lune dispensatrice et la nouvelle lune : bonne association. Le natif de la nouvelle lune pourra faire confiance au natif de la lune dispensatrice. Ce dernier le stabilisera. En échange, la nouvelle lune sera inspirante. Solide.

La lune dispensatrice et la lune tendre : bonne association. Les possibilités de faire une association durable sont excellentes. Ils s'apportent mutuellement un bel équilibre.

La lune dispensatrice et la lune montante : bonne association. Ils ont souvent la même vision des faits et sauront construire une relation durable.

La lune dispensatrice et la lune bombée : association moyenne. Ils ne se rassurent pas et peuvent vivre un peu d'instabilité, donnant lieu à des moments de rapprochement et d'éloignement.

La lune dispensatrice et la pleine lune : assez bonne association. Ils gagneront ensemble, mais le natif de la pleine lune pourra fatiguer périodiquement le natif de la lune dispensatrice.

La lune dispensatrice et la lune dispensatrice : à éviter. Ils voudront gagner et seront trop en compétition pour que ce soit intéressant ou plaisant.

La lune dispensatrice et la lune avisée : bonne association. Même s'ils se disputent, ils pourront accomplir de grandes choses ensemble. Ils se comprendront et respecteront leurs natures respectives.

La lune dispensatrice et la lune cachée : bonne association. Ils pourront collaborer efficacement. Ils sont tous deux ambitieux, mais pas de la même manière. Le natif de la lune dispensatrice agit franchement, alors que celui de la lune cachée prend des détours.

Son mois de naissance et sa signification

Le natif de la lune dispensatrice de janvier est rationnel et ne réagit pas très vite aux changements. Il est assez peu émotif. C'est un être patient qui va tranquillement son chemin. Il est souvent logique et rationnel, ce que les autres apprécient beaucoup chez lui.

Le natif de la lune dispensatrice de février est parfois rêveur, toujours imaginatif et intuitif. S'il sait s'entourer de gens terre à terre, ce sera un atout, car il oublie parfois de tenir compte de la réalité. Il s'ennuie facilement et doit trouver de quoi le détendre ou l'intéresser.

Le natif de la lune dispensatrice de mars est actif physiquement et de tempérament joyeux. S'il fait du sport, il sera bien dans sa peau ; autrement, il aura tendance à devenir nerveux et à se questionner sur ce qui vaut la peine ou pas. Il est aimant et on le lui rend bien.

Le natif de la lune dispensatrice d'avril est hautement excitable. Il est sensible aux ambiances et imaginatif au possible. S'il vit dans un environnement calme, il deviendra paisible ; si l'ambiance qui l'entoure est tendue, il sera mal dans sa peau. Il doit impérativement tenir compte de ce qui l'entoure et apprendre à se protéger. S'il canalise son imagination dans des activités constructives, il pourra réaliser de grandes choses.

Le natif de la lune dispensatrice de mai est facile à vivre. Il possède un bon équilibre intérieur, qui fait en sorte qu'il n'en demande pas trop aux autres et n'en donne ni trop ni trop peu. Il peut lui arriver de vivre des périodes de tristesse : il se confie, il ne reste pas trop à la surface de ses émotions. C'est une personne qui travaille patiemment à la réalisation de ses objectifs et les atteint.

Le natif de la lune dispensatrice de juin est parfois plus secret que nécessaire. Il a tendance à parler de tout et de rien, à fuir les vrais problèmes, à ne pas vouloir embêter les autres avec ses difficultés. Il est cependant très facile à vivre et sait voir à long terme. C'est un être assez discret, qui malgré tout ne passe jamais inaperçu : il a beaucoup de charme !

Le natif de la lune dispensatrice de juillet est tendre, souple, actif. Il a en horreur la petitesse et apprécie ce qui est grand, beau, chaleureux, généreux. Il aime les gens, puis ne les aime plus. Il est émotif tout en ayant le contrôle. C'est un être qui étonne toujours ses proches. On ne peut s'ennuyer avec lui.

Le natif de la lune dispensatrice d'août est à son affaire, mais il parle parfois beaucoup. Très sociable, ce natif du troisième quartier a du plaisir à organiser des fêtes, à s'occuper de sa famille, à prendre soin de tout le monde autour de lui. Il avance tranquillement mais sûrement. Il parle, raconte, enseigne... C'est une véritable mine d'informations.

Le natif de la lune dispensatrice de septembre est attentif à tout ce qui se passe autour de lui. Il est généreux et s'intéresse aux autres. Il aime bien le quotidien et la vie tranquille, contrairement aux natifs du troisième quartier des autres mois. Précis en tout, il se soucie toujours des détails.

Le natif de la lune dispensatrice d'octobre a un tempérament tendre. Il aime briller, il aime l'argent. Il a une petite nostalgie intérieure : il aurait bien aimé être une pleine lune d'automne... Avec le temps, il développe sagesse et ambition. C'est un amoureux tendre.

Le natif de la lune dispensatrice de novembre est parfois plus en retrait que nécessaire. Il est sensible aux autres et prend un certain temps avant de faire la part des choses entre ce qu'il est vraiment et les rôles qu'on lui donne.

Assez influençable, il reprend les rennes de sa vie avec le temps. Il est généreux et tendre avec ceux qu'il aime.

Le natif de la lune dispensatrice de décembre est généralement rationnel ; il ne prend pas ses décisions à la légère et pèse le pour et le contre de toutes les situations. C'est un être franc et chaleureux tout à la fois. Il est d'un naturel équilibré.

Votre destinée

Votre destinée n'est pas de tout repos. C'est une vie de hauts et de bas, et il n'y a pas d'ennui possible. Vous serez bien inspiré de vivre auprès de gens à l'humeur tranquille.

Période peu faste, période faste

Vos meilleurs jours vont du 22e jour du cycle au 30e jour. Plus la nuit est noire, plus vos entreprises sont promises au succès.

À la pleine lune, veillez à rester tranquille.

Conseil

Soyez simplement vous-même et fiez-vous à votre bonne étoile. Vous serez toujours en mesure de vous débrouiller grâce à vos très nombreuses idées.

Ce qui lui porte bonheur

Autrefois, l'*albâtre* servait à fabriquer des vases à parfum car on disait qu'il les conservait parfaitement intacts. Portez toujours un parfum qui vous va bien, il vous permettra d'attirer qui vous voudrez.

Le *saule* est votre arbre, car toute sa puissance lunaire est contenue dans ses branches. Il vous porte bonheur ; ne passez pas à côté de cet arbre sans avoir une pensée pour un être que vous aimez.

Le *taureau*, aussi terre à terre soit-il, est l'animal lunaire par excellence, car il est associé à la fécondité. Ses cornes symbolisent la croissance et le renouvellement. Faites un souhait quand vous croisez une vache, elle le fera suivre.

7

La lune avisée

« La lune bouge doucement mais elle traverse la ville. »

Proverbe ashanti

Le natif de la lune avisée est un être volontaire. Il n'agit pas à la légère et mûrit ses actions.

Le natif de la lune avisée semble bohème, fantaisiste, peu à son affaire. Mais ne vous fiez pas aux apparences : c'est un être sérieux, raisonnable, responsable, parfois même un peu austère.

Face à tout, il doit connaître l'explication, la raison. Il n'aime pas faire les choses sans savoir pourquoi il les fait, à la va-comme-je-te-pousse, sous le coup de l'impulsion. Si vous voulez le convaincre d'être de votre côté, il faudra utiliser des arguments logiques et ne rien avancer qui pourrait être contredit.

Il semble spontané, mais il a un côté acteur et il joue bien. Il vous fera croire qu'il est en colère, si cela peut le servir, mais il ne perd pas vraiment le contrôle de ses émotions. Il pèse le pour et le contre, il évalue, analyse et se fâche si cela en vaut la peine. C'est un être rationnel et organisé. Du point a au point b, il choisira le meilleur chemin à prendre et s'y tiendra.

Il est joyeux, rieur, souvent drôle. Il aime s'amuser, mais il rentre tôt, car, même jeune, il se souvient que demain est un autre jour et ne veut pas le perdre en sommeil. Il ne laisse rien au hasard et réfléchit avant de prendre une décision ; après, il change rarement d'idée. Il assume ses choix et agit en conséquence.

Intérieurement, le natif de la lune avisée est très sensible, c'est d'ailleurs peut-être pour cette raison qu'il se construit une carapace assez tôt dans la vie. Il ne laisse pas paraître ce qu'il ressent et pleure rarement devant les gens.

Il a le sens des responsabilités. S'il s'engage à faire un travail ou envers quelqu'un, il ne reculera pas et ira jusqu'au bout, car il a le sens du devoir et de l'effort.

Dès son plus jeune âge, le natif de la lune avisée a un côté sage. Il est souvent adulte avant le temps ; il ne fait pas de grandes folies et, si cela arrive, il les assume complètement.

La personne née sous la lune avisée a toujours un côté très anticonformiste. C'est quelqu'un qui remet en question l'ordre établi, qui s'oppose aux idées toutes faites et déplore les inégalités. Il n'aime rien de ce qui est médiocre et sait détecter les absurdités de l'existence et les comportements malhonnêtes.

Ce natif est têtu : quand il se donne un objectif, il l'atteint, quand il a une idée à défendre, il le fait, et quand il veut quelque chose, il ne lâche pas facilement. Cela le sert souvent, mais le dessert parfois, car il lui arrive de se lancer dans des entreprises sans lendemain et dans des amours plus difficiles qu'heureuses. Dans ces cas, il revient très lentement à la normale et il peut rester marqué. Il est orgueilleux et n'aime pas perdre la face, et c'est peut-être ce défaut qui l'amène à persister au lieu de lâcher prise.

Il est d'un naturel autoritaire, et son sens de la démocratie est rarement sa première qualité. Jeune, il est certain d'avoir toujours raison et vous le verrez souvent donner des ordres à ses copains. Cela dit, cette attitude est parfois bénéfique : s'il cultive la confiance en lui-même et apprend à respecter les autres, il deviendra chef un jour ou l'autre.

L'être de la lune avisée est courageux. Il porte parfois un fardeau qui semble lourd, mais ne vous y trompez pas : c'est parce qu'il l'a bien voulu, puisqu'il n'a rien d'une victime.

Ce natif est franc, intègre et ne cultive pas les malentendus ; avec lui, on sait à quoi s'en tenir. S'il vous aime, il vous donnera beaucoup. S'il ne sympathise pas avec vous, il s'éloignera simplement.

Côté travail, le natif est actif et discipliné, mais il ne faut pas le contraindre. Il fuit le manque de liberté comme la peste, il a besoin d'air et d'espace. Il est généralement aussi habile physiquement que mentalement. On le dit également artiste dans l'âme, mais il a souvent peur que cela ne serve à rien.

À l'aise en équipe, il s'organise toujours pour que tout le monde puisse s'exprimer, dire son mot. C'est un être qui travaille souvent mieux en solitaire qu'en équipe. En tant que patron, il peut parfois être nerveux, mais il a la nature d'un leader. Comme employé, il lui faudra passablement de liberté pour être stimulé. Ce natif est un idéaliste. Il essaie de changer le monde et y travaille fort, car il croit à l'amélioration de l'humanité. Il a foi dans les hommes.

Le natif de la lune avisée est souvent un de ses premiers admirateurs. Il s'aime, il se trouve bien, il s'approuve lui-même et, à moins d'être affligé, il se donne toujours le beau rôle. Pourtant, il ne vous semblera pas prétentieux car il sait se faire discret.

Une personne née sous la lune avisée vit souvent des hauts et des bas, des moments d'euphorie suivis de moments de tristesse. Peut-être l'approche de la lune invisible le rend-elle sombre? Dans ces moments de dépit, la première question qui lui vient à l'esprit touche son utilité dans le monde : « À quoi cela sert-il que j'existe?... » Cela dit, il ne se laissera pas complètement absorber, car il est toujours en représentation. Très conscient de lui-même, il ne voudrait pas avoir l'air fou!

Dans ses relations avec les autres, ce natif possède une bonne écoute et une sensibilité qui le rapprochent de ce que vivent les gens de son entourage. Il est serviable, il a bon cœur et aime, comme nous l'avons dit, se rendre utile; il se réjouit de faire plaisir aux autres. C'est un être qui comprend que tout le monde a ses faiblesses. Cela dit, il ne faut pas chercher à le tromper ou à lui faire des reproches non mérités.

Il est à la fois sociable et solitaire. Quand il est en société, on le remarque et, le plus souvent, il s'amuse. C'est un être qui ne s'ennuie ni quand il est seul, ni quand il est avec les autres, ce qui est une grande chance dans sa vie.

En amour, ce natif est lent. Il réfléchit, il hésite, il laisse passer. Une fois décidé et engagé, il est fidèle et loyal, mais il lui faudra être sûr de l'être qu'il aime. Il peut être jaloux, mais cela lui arrivera surtout s'il est mal assorti. Il met toujours l'être aimé sur un piédestal; il l'admire, le trouve extraordinaire, le vénère presque. De temps à autre, il doit donc se ressaisir et revenir sur terre.

Sa sexualité est inégale. Il pense d'abord et avant tout à lui-même, mais il est tout de même poli et assez fin de cœur pour savoir que l'autre ne doit pas avoir l'impression d'être de peu d'importance. Côté santé, c'est un être qui vit des hauts et bas sur le plan physique, mais surtout sur le plan psychologique. Il doit se reposer souvent et viser la stabilité pour être bien dans sa peau.

En matière d'argent, c'est un faux matérialiste. Il semble s'intéresser aux objets parce qu'il aime la beauté. Mais le fait de posséder ou non un objet a moins d'importance pour lui que pour la plupart des gens. Il peut dépenser beaucoup, puis devenir très économe pour un temps... Cela dépend de la saison. Il ne se prive généralement pas des bonnes choses de la vie, car il conserve toujours sa gourmandise et sa curiosité pour le plaisir.

La lune avisée et les autres

La lune avisée et la nouvelle lune: bonne association. Les conseils du natif de la lune avisée serviront celui qui est né à la nouvelle lune. Ils sauront s'entraider.

La lune avisée et la lune tendre: c'est tout l'un ou tout l'autre. Ils peuvent s'entendre s'ils acceptent respectivement leurs petits défauts. Ils partagent peu de points communs, mais s'enseignent à voir autrement.

La lune avisée et la lune montante: à éviter. La lucidité du natif de la lune avisée agacera le natif de la lune montante. Ils peuvent toutefois s'entendre sur des points précis, à condition d'avoir les mêmes intérêts.

La lune avisée et la lune bombée: très bonne association. Ils s'entendront comme larrons en foire.

La lune avisée et la pleine lune: assez bonne association. Le natif de la pleine lune bénéficiera des conseils du natif de la lune avisée. Ils ont tous deux une forte personnalité et se confronteront sans trop en souffrir. Il faut tout de même savoir que le natif de la pleine lune peut parfois faire souffrir le natif de la lune avisée.

La lune avisée et la lune avisée: assez bonne association. Ils se ressemblent et peuvent s'assembler. Ils se stabiliseront l'un l'autre et se trouveront bien ensemble. Ils partagent la même ambition. Il peut cependant leur arriver de s'ennuyer ensemble, car ils sont tous deux un peu sages.

La lune avisée et la lune cachée: association durable. Ils voient un peu les choses de la même manière. Le natif de la lune cachée sera parfois impressionné par les comportements de celui de la lune avisée. Ils s'apporteront beaucoup et se soutiendront.

Son mois de naissance et sa signification

Le natif de la lune avisée de janvier est généreux. Il est parfois un peu froid, mais cela cache en fait une forte sensibilité. C'est un enseignant et un parent hors pair. Il est très responsable, et c'est un être auquel on peut se fier. Il devient plus souple en vieillissant.

Le natif de la lune avisée de février est sage. Il veille sur chacun et s'inquiète parfois un peu trop. Il doit apprendre à faire confiance au temps. Il est sensible aux autres et a intérêt à s'entourer de gens plus fiables que nombreux.

Le natif de la lune avisée de mars semble vieux pour son âge quand il est jeune, et jeune pour son âge quand il vieillit. C'est une bonne âme, qui veille sur ses proches, mais il a parfois tendance à s'inquiéter inutilement. S'il apprend à vivre pleinement le présent, il trouvera le bonheur.

Le natif de la lune avisée d'avril préférerait parfois être une nouvelle lune. Il ne sait pas toujours quoi faire de sa sagesse naturelle et s'en sert à l'occasion dans des moments où elle n'est pas utile. C'est un être qui a de nombreux talents et, s'il les développe, il sera fier et heureux. Il acquerra une grande liberté intérieure au fil du temps.

Le natif de la lune avisée de mai conserve toujours un côté bon enfant. Il vit des contradictions, mais ne s'en fait pas pour autant. Il est bon vivant et cultive les plaisirs de tous les jours, mais n'oublie jamais ses objectifs à long terme. Il pense... assez peu pour une lune avisée, mais il pense souvent juste !

Le natif de la lune avisée de juin adore les fêtes et il aime surtout les organiser ! C'est un être méthodique, calme et joyeux tout à la fois. Il ne vit pas de grandes contradictions intérieures et déplore parfois le fait que la vie est trop courte. C'est une nature tendre.

Le natif de la lune avisée de juillet voudrait fêter, rêver, se la couler douce. C'est un être qui va tranquillement son chemin, qui ne se laisse pas beaucoup influencer et qui a souvent un côté très réservé.

Le natif de la lune avisée d'août est charmant, affable, posé, curieux, aimant. Il protège naturellement ses arrières.

Il est conscient qu'en participant au bonheur autour de lui il cultive son propre bonheur. Il a le cœur sur la main.

Le natif de la lune avisée de septembre a l'esprit fin ; il est curieux et souvent cultivé. Il aime accomplir des tâches minutieuses et n'a pas tendance à en faire trop ou pas assez. C'est un être d'une belle sensibilité.

Le natif de la lune avisée d'octobre est parfois nerveux pour des riens. Il se questionne, il s'inquiète, il se demande de quoi demain sera fait. Ce faisant, il va son chemin, tirant toujours son épingle du jeu. Il est aimé.

Le natif de la lune avisée de novembre est un être intuitif et actif. Ce natif est plus heureux en vieillissant que dans sa jeunesse. Il contrôle sa destinée et sait où se trouvent ses bonheurs.

Le natif de la lune avisée de décembre est lumineux, beau à voir, imaginatif... et très à son affaire. Il garde toujours le contrôle de ses émotions et ne prend ses décisions qu'après avoir bien réfléchi. Il est joueur, amusant, heureux en société.

Votre destinée

Vous êtes maître de votre destin. Il ne vous arrive rien que vous n'ayez voulu. C'est parfois bon et parfois moins bon.

Période peu faste, période faste

Pour l'amour, la nouvelle lune vous est favorable. Pour le reste, agissez soit un peu avant la pleine lune, soit un peu après. Durant la pleine lune, faites-vous discret.

Conseil

Même si vous vous croyez bien sage et même si vous l'êtes vraiment, ne donnez pas trop de conseils, et tout ira bien.

Ce qui lui porte bonheur

Le *cristal de roche* est symbole de lucidité, de pensée, d'imagination et d'intuition. Ayez du cristal à la maison.

Les fruits du *gui* sont associés à la lune. On disait autrefois que le gui guérissait tout. Il favorise les rêves prémonitoires. Ayez une branche de gui ou dessinez-en une... et vous pourrez voir l'avenir.

Le *loup* vous protège. Enfant, il vous a peut-être fait peur, mais il est là pour vous protéger dans la nuit (de loin, évidemment). Son hurlement, c'est le vôtre quand vous souhaitez ardemment quelque chose.

8

La lune cachée

> «Chacun de nous est une lune, avec
> une face cachée que personne ne
> voit.»
>
> Mark Twain

Le natif de la lune cachée étonne toujours. Il est secret. Sa vie intérieure est d'une grande richesse.

Cette lune est la plus mystérieuse de toutes. Né à la fin d'une lunaison, soit trois jours avant la nouvelle lune, ce natif possède plusieurs traits de caractère de celui de la lune avisée, avec en plus un côté mystérieux, parfois sombre et profond.

Le natif de la lune cachée est d'une intelligence très fine; il perce les mystères, rien ne peut lui échapper. Par conséquent, il porte parfois un fardeau un peu lourd à son goût et doit apprendre à se protéger des autres. En effet, sa réceptivité est si grande qu'il ressent aussi fortement les émotions heureuses que malheureuses. Cette personne possède tout de même une forte rationalité. Imaginez quelqu'un qui avance dans le noir et s'y retrouve, et vous aurez déjà une bonne idée de la débrouillardise et de l'ingénuité naturelle de ce natif. Il a un bon esprit de synthèse et, tout au long de sa vie, il sait percer à jour la structure des faits.

En amitié, c'est un être plutôt exclusif. Il ne se plaindra pas de compter ses amis sur les doigts d'une main, cette rareté étant pour lui un gage de ce qui le lie à certains êtres. Il prend l'amitié au sérieux et peut vivre des amitiés amoureuses.

Est-il sociable ? Pas vraiment. Dans sa jeunesse, il aime tout de même sortir très tard, mais il se sentira rapidement quelque peu étranger lorsqu'il est entouré de beaucoup de monde. Il choisit les réunions simples et peu nombreuses. Il préfère une conversation intéressante avec une seule personne aux mondanités et aux mots creux. Cela dit, il aime bien rire et se révèle de bonne compagnie dans toute fête ou réunion.

C'est en amour que son côté mystérieux se fait le plus évident et le plus étonnant. Il cultive les non-dits, les amours secrètes, et peut rêver longtemps d'une personne sans jamais le lui dire, ni le lui montrer. S'il s'attache, c'est pour longtemps et il sera le plus souvent fidèle. En fait, l'être qu'il aime recevra toute sa générosité, son attention, ses soins, mais il se peut qu'il ne sache pas à quel point il est aimé.

Sa sexualité n'est pas forcément régulière et est plutôt en dents de scie. Ce natif vit des périodes de calme plat suivies de périodes de frénésie. On rencontre parmi ces natifs des abstinents, des mystiques. Sa santé est bonne ; il est vigoureux et parfois dur avec lui-même, il a un corps résistant. Cependant, ses émotions peuvent être trop vives pour être vécues sereinement. Sur le plan psychologique, il peut traverser des périodes sombres, mais en prenant de l'âge et en se connaissant mieux, il peut devenir heureux.

Au travail, c'est un être créateur. S'il est artiste, ce sera certainement prometteur. Cela dit, certains natifs de cette lune secrète préféreront un travail un peu routinier aux tourments et à l'insécurité de la création. Dans tous les cas, c'est un être très minutieux et très responsable. Il n'y a rien de frivole chez lui, et il terminera toujours les tâches qu'il s'est engagé à accomplir. En tant que patron, il est rare qu'il ne soit pas apprécié, car il sait respecter les gens et faire ressortir leurs forces. En tant qu'employé, il s'adapte facilement (du moins extérieurement) et répond toujours aux demandes, à ce qu'on exige de lui. Pointilleux de nature, il doit veiller à ne pas aller au bout de ses forces.

Le natif de la lune cachée possède un lien étroit avec la mort. C'est un peu comme s'il la connaissait déjà. Il en a rarement peur et peut accompagner quelqu'un qui se prépare à la grande traversée. C'est également un bon soignant, car il sait sentir ce que vivent les gens qui l'entourent. Peu de mots lui suffisent.

En matière d'argent, ce natif s'en sort généralement plus que bien. Il est à son affaire et peut même cacher ses biens, si bien qu'il peut être riche sans en avoir l'air! En fait, le paraître, en ce qui concerne la possession de biens, l'intéresse peu; ce qu'il aime, c'est plutôt la sécurité, l'assurance qu'il ne traversera pas une période noire.

Ce natif cultive le mystère; il possède une intelligence plus vive que la plupart des gens et souffre parfois de ne pas se sentir aussi compris des autres qu'il les comprend lui-même. Il se sent quelquefois seul et doit chercher du réconfort auprès de ses proches, apprendre à parler de ses sentiments. Qu'il se rassure, son futur est toujours plus clair, et ses plus grandes douleurs, il les vivra au début de sa vie.

La lune cachée et les autres

La lune cachée et la nouvelle lune: bonne association. Mine de rien, ils se ressemblent beaucoup. L'un va vers la noirceur, l'autre vers la lumière. Ils se croisent et se comprennent à demi-mot. Ils ont beaucoup à partager. La lune cachée admirera la lune nouvelle.

La lune cachée et la lune tendre : dissemblables mais étonnamment compatibles. Cela dit, cela peut être tout l'un ou tout l'autre. Le côté mystérieux de la lune cachée émerveillera la lune tendre.

La lune cachée et la lune montante : oui et non. S'ils s'entendent, ce sera dans le cadre d'activités précises. Ils pourront être partenaires sportifs ou collaborer au travail. L'un apportera son imagination, l'autre sa sagesse.

La lune cachée et la lune bombée : très bonne association. Ils savent utiliser les forces de chacun. S'ils travaillent ensemble, tout ira bien. Pour ce qui est de l'amour, la lune bombée ne comprendra pas toujours le natif de la lune cachée.

La lune cachée et la pleine lune : bonne association. La sagesse du natif de la lune cachée inspirera le natif de la pleine lune. Les capacités de ce dernier insuffleront de l'énergie au natif de la lune cachée, ainsi que le goût de la réussite.

La lune cachée et la lune dispensatrice : bonne association. Ils collaborent facilement et efficacement. Tous deux ambitieux, ils auront intérêt à ne pas être en compétition directe.

La lune cachée et la lune avisée : bonne association. Ils s'entendent sur leurs principes de vie. Au quotidien, c'est toutefois moins facile, la lune cachée étant pointilleuse, et le natif de la lune avisée, parfois trop fonceur. Ils se soutiendront tout de même et pourront se protéger l'un l'autre.

La lune cachée et la lune cachée : voilà une association qui n'est pas facile. Ils sont très semblables, et même trop semblables. D'un naturel respectueux, ils ne se marchent pas sur les pieds, mais leur association peut manquer de pep.

Son mois de naissance et sa signification

Le natif de la lune cachée de janvier est un être souvent étonnant et plein de surprises. On ne le cerne pas facilement et il est long à connaître ; il faut donc prendre son temps pour s'en approcher. Une fois sa confiance donnée, il ne se dédit plus. C'est un être fiable, mais parfois très secret.

Le natif de la lune cachée de février est un cachottier, un être fantasque, rêveur. Il est tendre, mais il n'est pas facile de s'en rendre compte. Il a tendance à s'isoler, ce qui ne le sert pas toujours. Il sait s'entourer de gens fiables, car il a un très bon flair. Il avance tranquillement dans la vie.

Le natif de la lune cachée de mars souffre parfois de ne pas briller. Il apprend toutes sortes de choses, il s'informe des faits et des gens, il sait tout. Il cultive ses relations et réussit grâce à sa grande capacité de travail. La chance lui vient par les autres.

Le natif de la lune cachée d'avril est un grand sage. Il a vu neiger... et même dans sa jeunesse il aura l'air expérimenté. C'est qu'il apprend vite, possède un sens de l'analyse très fort et ne se laisse pas impressionner. Il s'ouvre aux autres, il s'efforce d'entretenir des relations stables, car la solitude qui le tente parfois ne lui convient pas toujours.

Le natif de la lune cachée de mai se demandera périodiquement au cours de sa vie pourquoi il n'est pas plutôt nouvelle lune ou pleine lune. Il voudrait briller, il voudrait impressionner, mais le voilà contraint de guider les gens dans le noir. Il sera secret, très secret. Son talent : s'occuper des autres, les aider, les guider.

Le natif de la lune cachée de juin est imaginatif, créatif, inventif. Malgré son côté solitaire, il est très attentif à ses proches. Il est original, a toujours des opinions très personnelles et se laisse peu influencer par les autres. C'est un bon guide.

Le natif de la lune cachée de juillet se repose ; il prend son temps, fait la belle vie, ne s'inquiète de rien. S'il est torturé (cela peut lui arriver de temps en temps), il pleure un bon coup, se plaint un peu, va dormir et oublie tout. Ce natif est un être à part, il va son chemin, il a sa logique propre qu'il ne sert à rien de chercher à comprendre.

Le natif de la lune cachée d'août cultive le mystère. Il est fier, original et drôle. Il est sympathique, mais parfois un peu distant. Il ressemble par certains côtés à un natif de la pleine lune, mais en plus sage. Il travaille très bien en coulisses ou dans l'ombre.

Le natif de la lune cachée de septembre est à son affaire, travaillant, responsable. Il ne se laisse impressionner par rien et évolue dans son propre univers ; il aime rester à part. Il étonne, il surprend. Son imagination est vive, et son sens pratique l'est tout autant. Il réussit souvent très bien.

Le natif de la lune cachée d'octobre est parfois sûr qu'on lui cache des choses alors qu'en réalité c'est sa propre vision qui est plus ou moins bonne. Sa rationalité n'est pas à toute épreuve, mais son imagination débordante peut lui ouvrir bien des portes. Il peut voir à long terme, il a un côté voyant.

Le natif de la lune cachée de novembre aime vivre caché autant que possible. Il est peu sociable et, pourtant, il aime bien la compagnie. En réalité, pour être heureux, il lui faut un équilibre: parfois de la compagnie et parfois de la solitude. C'est un passionné qui cache son jeu, il est double. Il est fidèle et loyal envers ceux qu'il aime.

Le natif de la lune cachée de décembre apprécie bien ses petites habitudes et n'aime pas trop être dérangé. Il cultive un bel art de vivre au quotidien. Il aime la musique, il est tendre, il est bon, mais il est parfois trop réservé pour montrer ce qu'il est vraiment. Il est loyal et fidèle. Il s'extériorisera plus facilement au fil des années.

Votre destinée

Votre destinée est libre et vous en êtes maître, à condition de respecter votre besoin de silence, de tranquillité. Vous serez tenté par l'ombre des choses, et il faudra parfois résister à ces tentations de la nuit noire. Vous serez bien dans la nuit étoilée.

Période peu faste, période faste

La pleine lune vous donne mille et une idées... qu'il vaudra mieux laisser mûrir.

Les temps de nouvelle lune sont favorables à vos projets: du 1er au 14e jour du cycle, amorcez ce que vous voulez, puis contentez-vous de persévérer tranquillement.

Conseil

Sortez de votre carapace, entourez-vous de gens nés sous des lunes jeunes. Les autres, vous les aimez bien, mais ils ne vous font pas beaucoup avancer.

Ce qui lui porte bonheur

La *sélénite*, ou pierre de lune, stimule votre clairvoyance.

Le *concombre*, la courgette, la courge, le potiron, la citrouille, le melon ainsi que les plantes rondes et aqueuses ne sont pas recommandés à ceux qui ont une dominante lunaire excessive. Si, donc, vous n'êtes pas trop dans la lune, si vous souhaitez qu'elle vous inspire et vous guide, préparez des aliments de la famille des cucurbitacées.

Le *chat*, emblème de la lune par excellence, est également le vôtre. Tout comme vous, il sait voir là où personne ne semble s'y retrouver. Les chats vous portent bonheur; quand vous en croisez un, dites-lui bonjour.

Chapitre 5

Les 30 jours de la lune

Si vous êtes né dans un cycle lunaire de 30 jours, vous avez pu constater que les gens de la lune avisés partagent cinq jours de naissance. Or, ils ne sont pas tous pareils... Voyons maintenant ce que votre jour de cycle lunaire (voir chapitre 3) dit de vous.

Vous êtes né le 1er jour de la lunaison

Ce qui vous intéresse : l'instant présent. Ainsi, vous n'avez pas grand-chose à faire du passé et vous vous préoccupez assez peu du futur. Vous aimez que les choses se passent quand vous l'avez décidé ou senti. Vous êtes sensuel et vous aimez l'aventure, l'imprévu. Vous vous adaptez à tout sans vous en faire outre mesure. Vous n'avez pourtant pas le caractère le plus facile du monde et vous n'avez surtout pas la langue dans votre poche : avec vous, on est assuré de savoir à quoi s'en tenir. Vous communiquez facilement, vous dites ce que vous avez sur le cœur et vous savez enseigner vos connaissances. Il vous arrive de porter trop peu attention aux autres : vous êtes si pressé de découvrir le monde et d'apprendre du nouveau que vous les trouvez généralement lents... comme des tortues.

Vous êtes doué pour tout ce qui relève de l'imaginaire, ce qui ne vous empêche pas d'être actif.

Vous avez une personnalité flamboyante, et avec vous on ne s'ennuie pas : vous préférez une bonne discussion ou même une querelle au quotidien, que vous jugez trop ordinaire. Vous êtes un voyageur exemplaire : tout ce qui est étranger vous intéresse au plus haut point. Vous pouvez d'ailleurs conclure des ententes à long terme avec des gens ayant un bagage culturel très différent du vôtre. Vous n'êtes jamais dépaysé, sauf parfois chez vous, dans votre salon !

Vous êtes né le 2e jour de la lunaison

Vous avez une nature joyeuse, un tempérament facile, simple, spontané, et on ne résiste pas à votre charme. Vous êtes toujours plein de bonne volonté et prêt à rendre service, ce qui ne vous empêche pas d'être parfois naïf. On pourrait vous tromper facilement ; donc, si vous ne le souhaitez pas, adoptez un peu de l'attitude des vieilles lunes. Vous ne perdrez rien à vous interroger un peu sur les propositions que l'on vous fait. Vous êtes charmant avec les gens pour une raison toute simple : vous les aimez naturellement, vous les comprenez, vous êtes fondamentalement bon. Cela dit, vous êtes aussi influençable et malléable, et quand vous le remarquez, vous vous découragez... Cela dit, comme vous oubliez facilement, ces périodes de découragement ne durent pas. Avec vous, il est relativement aisé de faire des compromis, de s'entendre. Faites simplement attention de ne pas passer devant des occasions en or sans vous arrêter, car il vous arrive d'avoir la tête dans les nuages.

Vous êtes né le 3ᵉ jour de la lunaison

Votre caractère optimiste vous ouvre bien des portes. D'abord, il fait en sorte que vous êtes très souvent en forme et de bonne humeur. Votre tendance à conclure qu'un verre est à moitié plein plutôt qu'à moitié vide vous donne de l'avance dans bien des secteurs de la vie. Vous êtes apprécié, aimé, et votre compagnie est recherchée. Vous vous intéressez à tout et vous apprenez vite. Vous n'avez pas tendance à vous laisser décourager par de petits obstacles. Votre enthousiasme et votre curiosité se doublent d'une saine ambition : ch oui ! vous aimez bien réussir et vous ne vous en cachez pas. Pour vous, le plaisir, c'est bien, mais l'atteinte de vos objectifs, c'est encore mieux. Et vous n'avez rien contre une saine compétition. Votre nature est instinctive et vous n'avez pas tendance à vous taire quand vous avez quelque chose à dire, à hésiter devant un choix à faire ou à vous questionner longtemps sur certains faits : vous allez de l'avant et cela vous sert. Cela dit, vous êtes dispersé, parfois brouillon et vous pouvez mener trop de projets de front. Attention aussi de ne pas oublier les autres, vos proches, les gens que vous aimez bien : avoir des idées plein la tête, c'est bien, mais pouvoir les réaliser avec les gens que l'on aime, c'est encore mieux. Votre plus grand don : celui du commerce. Vous pouvez faire des affaires : la porte sera ouverte et vous pourrez réussir. Pour réaliser vos ambitions, veillez toutefois à ne pas être trop rêveur.

Vous êtes né le 4ᵉ jour de la lunaison

Vous êtes né sage, et dès l'enfance vous semblez plus mature que votre âge. On remarque votre équilibre, vos bonnes manières, votre réserve pleine d'une douce confiance en la vie. Vous allez votre petit bonhomme de chemin sans trop vous en faire, menant rondement vos affaires et vos projets à bonne destination. On dirait parfois qu'une bonne fée s'est penchée sur votre berceau pour vous donner le don de comprendre les autres à demi-mot ou même dans le silence le plus complet. Avec vous, chacun est sûr de trouver une bonne oreille, des conseils judicieux ou simplement une bonne épaule. Cela dit, il vous arrive, dans vos mauvais jours ou quand vous n'êtes pas satisfait de vous-même, de vous méfier des autres, de les soupçonner de ne pas vouloir votre bien et de les prendre pour ce qu'ils ne sont pas. Vous avez les qualités pour réaliser des projets, vous n'êtes pas un rêveur, et il s'agit simplement de vous le rappeler périodiquement. Ainsi, si vous faites ce que vous considérez avoir à faire, satisfait de vous, vous serez bien avec les autres.

Vous êtes né le 5e jour de la lunaison

Vous brillez par votre originalité et par votre énergie. Vous voyez les choses, les gens et les faits d'une manière toute particulière, qui n'appartient qu'à vous. On ne vous influence pas facilement, non pas parce que vous êtes blindé, mais simplement parce que vous êtes individualiste et très créatif. Votre habillement, la décoration de votre demeure, tout en vous parle d'une manière unique. Vous brillez grâce à cette manière d'être si singulière. Vous êtes également énergique et vous pouvez facilement travailler de longues journées sans vous en plaindre. Enthousiasmé par vos activités, vous pouvez même oublier le temps qui passe. Vous aimez bien les gens, à condition qu'ils vous laissent faire ce qui vous plaît ; vous n'aimez pas vous sentir contraint par les autres ou par des habitudes qui ne vous intéressent pas. Il ne faut rien vous imposer. Vos belles qualités peuvent toutefois se transformer en défauts lorsque vous devenez agité. Il est important que vous soyez assez vigilant pour ne pas aller au-delà de vos limites.

Vous êtes né le 6e jour de la lunaison

Vous avez un caractère vif et une intelligence organisée. Vous êtes méthodique et vous vous assurez toujours de mener à terme ce que vous entreprenez. Travaillant, vous savez malgré tout équilibrer votre existence de manière à faire de la place aux différents aspects de votre vie. Vous savez cultiver un bel art de vivre, en particulier dans vos loisirs et dans l'intimité. Avec les autres, vous encouragez l'harmonie et vous avez le sens de la communauté. On apprécie votre compagnie et votre goût pour les joies saines de l'existence. Vous êtes bon vivant, mais toujours dans la mesure où votre santé ne s'en trouve pas affectée. Il vous arrive d'avoir des idées fixes et de maintenir un point de vue qui n'en vaut pas la peine. Votre intelligence fine vous facilite l'existence ; on vous écoute, on tient compte de vos opinions, on bâtit sur vos recommandations. Vous pouvez être sûr que vos projets seront des réussites ; il s'agit simplement de veiller à ne pas abandonner en chemin, ce qui vous arrive parfois.

Vous êtes né le 7e jour de la lunaison

Vous êtes avant tout indépendant, libre, et vous menez votre existence comme vous le souhaitez. Vous avez toujours en tête ce que vous désirez et vous ne vous laissez pas mener par la mode, par les idées nouvelles qui ne durent qu'un jour. Cela dit, vous avez un côté traditionaliste, en ce sens que vous donnez souvent la priorité à votre confort.

Vous pouvez faire des choix étonnants simplement dans le but d'être à l'aise, bien dans votre peau, dans une situation qui vous semble idéale. Vous aimez discuter avec les autres ; les contradictions, les paradoxes ne vous font pas peur, et vous aimez bien vous confronter à eux. Il n'y a pas là malignité de votre part, mais simplement une propension à remettre en question les idées toutes faites. Vous pouvez parfois agir lâchement, fuir, vous sauver, quand vous sentez que vous ne pourrez pas tirer votre épingle du jeu et que le confort (que vous aimez tant) semble vous échapper. Vous êtes généralement à l'aise matériellement, car vous accordez de l'importance à cela.

Vous êtes né le 8e jour de la lunaison

Vous êtes d'un tempérament quelque peu inquiet, et il faut qu'on vous rassure pour que vous soyez bien dans votre peau. En même temps, il vous est nécessaire d'être unique, de vous distinguer des autres, de laisser votre marque là où vous allez. Vous ne passez d'ailleurs jamais inaperçu, car vous savez vous mettre en valeur. En général, le changement ne vous fait pas peur ; mais quand cela arrive, cela vous stimule. Vous êtes à la recherche d'autre chose : vous devez aller au-delà de vos limites pour être satisfait de vous. Vous avez un esprit de compétition et vous en tirerez certainement des bénéfices si vous réussissez à l'assumer pleinement. Avec les autres, vous êtes passionné et tenace. Vous suscitez également des passions, des sentiments intenses. Une fois que l'on vous connaît, on ne vous oublie plus. Votre moralité n'est pas toujours très forte, et une fois qu'on le sait, ça non plus, on ne l'oublie pas. Il vous arrive d'être influençable, mais seulement quand vous admirez quelqu'un. Vous aimez passionnément ou pas du tout.

Vous êtes né le 9e jour de la lunaison

Oh! que d'émotions vous vivez! Vous êtes très sensible aux autres. Vous comprenez parfois si bien ce qu'ils vivent que vous vous en faites pour eux, puis vous vous durcissez afin de ne pas devenir ultrasensible. Vous êtes de nature compliquée et il faut du temps pour vous comprendre et pour que les liens avec vous soient basés sur la confiance. «Le temps arrange bien des choses» pourrait être votre adage: vous tablez souvent sur lui et cela se révèle utile. Votre goût des voyages et votre désir d'apprendre ne se démentent jamais. Vous aurez d'ailleurs intérêt à voyager lorsque vous traverserez des périodes charnières de votre existence. Dans les situations difficiles, vous restez toujours maître de vous et conservez votre sang-froid. C'est lorsque tout est simple que vous vous rebellez, que vous vous questionnez. Eh oui, vous n'êtes pas simple, mais ce foisonnement d'idées et d'émotions qui vous habite est le gage de la richesse de votre vie. Faites simplement attention de conserver toujours votre goût du bonheur.

Vous êtes né le 10e jour de la lunaison

Vous n'êtes pas à l'abri des doutes occasionnels, mais vous possédez des outils utiles dans notre monde actuel: la force de caractère, une volonté exceptionnelle et de l'autorité sur les autres. Vous êtes aussi de nature passionnelle: vous vous emballez, vous donnez votre cœur, vous êtes prêt à tout pour avancer dans la voie que vous choisissez. Grâce à votre grande volonté, vous êtes pratiquement assuré de la réussite; cependant, cette volonté peut aussi vous desservir: apprenez à ne pas aller trop loin, à tenir compte des informations que vous recevez, et vous saurez changer de route au bon moment ou persévérer quand une situation est prometteuse. Dans tous les cas, la grande confiance qui vous habite est un gage de bonheur : vous êtes responsable de vous-même et vous n'avez pas tendance à demander l'impossible à votre entourage. Votre grande énergie fait en sorte que vous avez généralement plus d'ambition que la moyenne des gens. À vous, on aurait envie de dire : retroussez vos manches, foncez, le monde vous appartient.

Vous êtes né le 11e jour de la lunaison

Vous êtes un être inspiré. La nature éveille vos idées, vos sens, vos rêves. Un rien vous donne une idée et une simple conversation vous apporte beaucoup... Pour vous, la vie possède quelque chose de magique même les lundis matin pluvieux. Chaque situation ou événement est l'occasion de faire naître une idée, un projet. Le tout est de savoir si parmi ces mille idées, quelques-unes deviendront réalité. Vous avez parfois tendance à abandonner trop facilement, à démissionner, à vous dire : à quoi bon persévérer ? Cela dit, vous êtes clairvoyant, lucide et vous discernez le vrai du faux et le possible de l'impossible bien plus facilement que la plupart des gens. Avec les autres, vous êtes de bon conseil et encourageant : vous êtes habile lorsqu'il s'agit de les guider dans une voie qui leur convient et de les avertir des écueils qui les guettent. C'est une qualité que tout le monde vous reconnaît, et il peut arriver qu'on vous demande beaucoup de soutien. Vous avez besoin de temps pour réfléchir (à vos propres rêves et projets) et il peut être difficile pour votre entourage de toujours en tenir compte. Avez-vous appris à faire respecter vos besoins ? Si oui, bravo, sinon il y a urgence d'agir. Né le 11e jour d'une lunaison, vous êtes hautement créatif : il vous faut inventer tous les jours quelques nouvelles recettes de bonheur. Vous avez des dons ? Utilisez-les !

Vous êtes né le 12ᵉ jour de la lunaison

De multiples aspirations vous guident vers le futur. De petites idées, vous n'en avez pas, mais de grandes, vous les multipliez. Vous n'êtes pas du genre à vous contenter de peu et vous travaillez assidûment, et souvent l'air de rien, à des objectifs à long terme. Vous êtes motivé : si quelque chose ne vous intéresse plus, vous y mettez fin tout de go, mais si quelque chose, quelqu'un ou un projet vous passionne, vous y mettez toute votre énergie et votre foi. Vous savez également bien vous entourer : vous avez du flair et vous savez en très peu de temps si vous pourrez vous entendre avec quelqu'un. Malgré une force de caractère peu commune, vous êtes tout en douceur et peu porté à faire des éclats. Bien que vous soyez assez sûr de vous, on peut donc (quand on ne vous connaît pas) se tromper sur votre compte. Vous éprouvez au fond de votre cœur un grand besoin de vous singulariser, de produire quelque chose d'unique, de donner votre touche à toute action. Vous avez un caractère fier et vous supportez difficilement le manque d'estime ou de respect à votre égard. Un peu susceptible de nature, il vous arrive d'imaginer des choses... Mais avec les années, vous vous connaissez mieux et cet aspect s'amenuise. L'humour vous sauve des drames, il vient souvent à votre rescousse pour vous signifier de continuer d'aller votre petit bonhomme de chemin. Soyez vigilant, mais sachez tout de même que vous pourrez toujours compter sur votre bonne étoile : elle vous guide vers les beaux jours.

Vous êtes né le 13ᵉ jour de la lunaison

C'est dans votre sens de la communauté et du partage que vous trouvez les meilleurs outils pour votre bonheur. Vous possédez en effet une grande générosité et vous êtes toujours enclin à vouloir le bien des gens qui vous entourent. Vous êtes un humaniste et vous placez donc les gens au centre de vos préoccupations et de votre attention. En famille, vous êtes vraiment l'élément stabilisant. Cela dit, dans tous les groupes d'activités, vous serez toute votre vie un élément fort, qui assure la cohésion du groupe. Vous êtes généreux, tant de votre temps que de vos biens, et rien ne vous comble plus que de faire plaisir à un proche ou de le réconforter. Vous êtes également esthète : vous voyez le beau là où il est et vous le recherchez. Vous cultivez l'harmonie, tant avec les autres que dans la décoration de votre demeure et votre manière de vous vêtir. Votre sens des couleurs est d'ailleurs souvent très fort, et on dirait que vous les voyez un peu mieux que les autres. Au quotidien, tant dans l'intimité qu'en société, vous êtes tout de même de tempérament conservateur et vous n'aimez pas trop qu'on sorte des sentiers battus ; vous appréciez les rituels, les habitudes, les politesses. Intérieurement, quand vous traversez de moins bons jours, il vous arrive également d'être complaisant envers vous-même. Vous vous direz alors, par exemple : « Je n'ai pas eu de chance... C'est la faute d'untel... Pauvre de moi... » Si vous savez rire de ce petit défaut, tout ira bien. On s'associe facilement avec vous.

Vous êtes né le 14e jour de la lunaison

Vous êtes aussi accommodant qu'ambitieux et volontaire. Vous alliez ainsi des facettes de personnalité qu'on considère habituellement comme contradictoires. Accommodant, vous l'êtes au sens où vous privilégiez l'entente avec les autres, où vous prenez le temps d'expliquer et d'écouter, où vous faites des compromis quand c'est utile au bonheur de chacun. Ambitieux, vous l'êtes au sens où vous avez des rêves à réaliser que vous ne laisserez pas tomber malgré les efforts à fournir. C'est cet heureux mariage entre les autres et leurs besoins, et entre vous-même et vos besoins, que vous pouvez faire si vous êtes né alors que la pleine lune apparaît de plus en plus clairement dans le ciel. En ce qui concerne vos défauts, vous êtes surtout pointilleux, très à votre affaire, bien sûr, mais au point d'en devenir maniaque! Vous exigez parfois la perfection (tant de vous que des autres), même si vous savez pertinemment qu'elle est inaccessible. Vous êtes aussi très à cheval sur les principes et, si l'on souhaite se rapprocher de vous, vous connaître, il vaut mieux mettre des gants blancs et utiliser les voies les plus traditionnelles et les plus éprouvées.

Vous êtes né le 15ᵉ jour de la lunaison

Vous avez tout de l'astre qui brille : un côté un peu fat, une prestance extraordinaire, une intelligence plus que vive, une confiance en soi très forte, avec parfois des petites baisses d'énergie qui vous font douter de tout... tard dans la nuit. Très exactement du 15ᵉ jour, vous êtes généralement très ordonné, méticuleux et précis, sans toutefois être maniaque. Vous appréciez chez les autres les qualités d'ordre et de méthode. Vous pouvez vous associer avec des gens qui ont les mêmes valeurs que vous mais fuyez les autres, vos valeurs doivent toujours (à vos yeux) être respectées. En équipe, en groupe, en famille, vous êtes un élément très apprécié et votre rôle est central : on s'enquiert de vos désirs et de vos opinions. Vous êtes bon de cœur, mais il vous arrive d'être en réalité indifférent aux autres. Dans ces cas-là, vous savez vous retirer en douce. Il vous arrive aussi d'être très dépendant du regard de vos proches. Sur le plan amoureux, vous n'êtes pas indépendant du tout, ce qui est parfois difficile, parfois bon.

Vous êtes né le 16e jour de la lunaison

Vous avez un caractère des plus intéressants : à la fois dévoué, fort, brillant, courageux et généreux. Vous êtes de la pleine lune, mais d'une pleine lune qui accepte de ne pas durer. Avec les autres, vous êtes dévoué et vous leur donnez ce dont ils ont besoin. Par-dessus tout, vous avez le sens de la famille et vous vous informez toujours de vos proches, soit directement, soit par personne interposée ; si quelque chose ne va pas, vous intervenez, vous vous en mêlez et vous donnez le coup de main nécessaire. Vous êtes aussi doué d'un grand pouvoir de suggestion : ce que vous croyez, vous savez en faire part et les gens vous suivent naturellement. Une personne comme vous peut aisément devenir un chef. Mine de rien, vous ralliez les autres, vous les réconciliez et leur faites voir qu'il y a une solution (souvent simple) à toute difficulté. Vous êtes aussi capable de donner le meilleur de vous-même pour une cause qui vous tient à cœur. De plus, vous avez des qualités de grand argentier, soit le don de tirer les bénéfices maximum de tout investissement. Un bémol : évitez les situations trop conflictuelles, qui peuvent vous rendre nerveux, car vous n'êtes pas à l'abri d'une certaine agitation. Cultivez le calme et entourez-vous de gens au cœur tendre et paisible.

Vous êtes né le 17e jour de la lunaison

Vous brillez par votre franchise, votre tempérament énergique, votre capacité de dire les choses comme elles sont et de ne pas prendre des détours inutiles. Gentil ? Oui, mais d'abord honnête. Vous n'êtes pas du genre à faire semblant, à jouer la comédie, à dire le contraire de ce que vous pensez. Avec vous, on sait à quoi s'en tenir. Cela dit, si on vous fait part d'une opinion contraire, vous n'hésiterez pas à vous remettre en question, à réfléchir, à peser le pour et le contre, ou même à changer d'avis. Vous êtes flexible et peu orgueilleux. Vous êtes aussi opportuniste : vous êtes capable de tirer le meilleur d'une situation, de voir ce qui vous servira, et vous n'hésitez pas à travailler à votre bonheur. Vous n'êtes pas du genre perdant. Vous avez un faible pour les activités sociales et, si vous en avez trop peu, vous deviendrez triste et morose. Pour ne pas vous ennuyer, il vous faut sortir, vous intéresser à la vie politique, culturelle et sociale de votre communauté, et beaucoup discuter avec les gens. Vous êtes aussi doué en matière d'argent : vous voyez tout de suite ce qui vaut vos efforts et ce qui ne vaut pas grand-chose. Ayez un peu de méfiance pour les projets utopiques et vous tirerez toujours votre épingle du jeu.

Vous êtes né le 18ᵉ jour de la lunaison

Vous brillez par votre indépendance et votre énergie. En tout, vous vous faites une opinion personnelle et unique. Ce n'est pas tant par besoin de vous singulariser que par nécessité de voir clairement les faits et de ne pas vous emmêler dans les idées et les sentiments des autres. Vous avez un besoin viscéral de connaître les raisons d'une action, et pour cela vous n'avez qu'un choix : cultiver l'indépendance d'esprit. Autres qualités : vous êtes énergique, vigoureux, actif. Ce que cela vous apporte ? Vous n'êtes pas enclin à laisser le temps passer sans rien faire, à vous questionner sur le passé, à stagner... Vous vous tournez plutôt vers le futur, car c'est là qu'est l'action. Cela ne vous empêche pas d'avoir un caractère plutôt introverti : vous n'êtes pas du genre à vous confier très souvent et vous réfléchissez longtemps avant de divulguer vos opinions, vos réflexions. C'est peut-être grâce à cette lenteur relative à vous confier qu'on vous prend très au sérieux quand vous vous exprimez. Cela dit, vous manquez parfois d'ordre et de discipline, et vous pouvez plonger dans une activité puis dans une autre sans avoir fait une pause santé... Ce que ça donne ? Une fatigue insidieuse, qui ne vous quitte qu'après que vous vous êtes détendu... ce qui prend parfois un temps fou ! Indomptable, voilà en réalité ce que vous êtes, avec tout le charme et les difficultés que cela comporte.

Vous êtes né le 19e jour de la lunaison

Vous avez une grande âme, un caractère loyal et un esprit pénétrant. Rien de petit dans votre personnalité. Vous êtes prêt à beaucoup pour embellir la vie, qu'il s'agisse de la vôtre ou de celle des autres. Même si vous pouvez vous intéresser beaucoup au bonheur des autres, vous ne laissez pas le vôtre de côté. Vous recherchez toujours l'équilibre, ce qui fait que vous réussissez souvent à tirer le meilleur parti d'une situation. Vous avez aussi beaucoup d'instinct et de magnétisme, si bien qu'on se retourne sur votre passage ; on vous voit, on vous remarque. Vous ne passez jamais inaperçu, mais vous n'êtes pas prétentieux pour autant. Le seul écueil qui vous guette est celui de la manipulation. Il peut arriver que pour aller du point a au point b, vous utilisiez des armes un peu dangereuses. Si vous gardez en tête de ne jamais avoir recours à la manipulation pour arriver à vos fins, vous aurez probablement une petite couronne de lumière sur la tête tôt ou tard dans votre vie. C'est une blague, bien sûr, mais vous avez tout de même une belle générosité qu'on ne peut faire autrement que d'admirer. Lorsque vous faites un faux pas, apprenez aussi à ne pas trop angoisser et à ne pas trop culpabiliser. Quand on est coupable, on s'excuse et on passe à autre chose. Il ne sert à rien de s'acharner sur ses erreurs. Grâce à votre esprit profond, vous apportez beaucoup à vous-même et aux autres.

Vous êtes né le 20ᵉ jour de la lunaison

Vous n'êtes peut-être pas un explorateur au sens physique du mot (vous ne voyagerez peut-être pas tant que ça), mais vous en êtes un du point de vue de l'esprit : vous voulez tout connaître, vous êtes remarquablement curieux, perspicace et vous avez le goût des découvertes. Votre imagination est vive et vous êtes de tempérament créateur. Ne vous astreignez pas à des tâches ennuyeuses ; trouvez plutôt un emploi ou des activités qui vous permettront de développer vos multiples talents. Vous êtes aussi très intuitif. Par exemple, il arrive souvent que vous sachiez à l'avance ce que les autres vous diront, et presque à quelle heure ils vous téléphoneront... Vous pouvez même percevoir leurs changements d'humeur avant qu'ils surviennent. Vous voyez clair en tout, ce qui vous sert et vous dessert tout à la fois. C'est utile, car cela vous évite de faire des faux pas ainsi que de subir des pertes de temps, mais c'est inutile, car trop en savoir sur ce que ressentent et vivent les autres peut aussi porter à confusion. À côté de cette intuition vive, vous avez tout de même un sens pratique assez fort et vous gardez le sens de la réalité. Actif et franc, vous ne vous « enfargez pas dans les fleurs du tapis », comme on dit, et vous n'avez pas tendance à créer des événements ou à inventer des émotions là où il n'y en a pas. Toutefois, vous ne brillez pas par votre prudence.

Vous aimez les expériences nouvelles et, même quand elles ne sont pas rassurantes, vous plongez sans vous inquiéter de la profondeur de l'eau. Votre nature impétueuse peut vous mener loin ; pas toujours où vous l'aviez voulu, mais loin. Pour réaliser vos rêves, entourez-vous de gens à l'esprit ouvert mais qui conservent tout de même une certaine prudence : ceux-là sauront vous donner la main au bon moment.

Vous êtes né le 21e jour de la lunaison

Vous avez une nature souple et subtile. Vous ne demandez pas l'impossible aux autres ; vous les protégez, vous les excusez et vous favorisez toujours l'entraide. Vous êtes curieux de tout et vous aimez apprendre. Vous êtes un excellent voyageur, car vous vous adaptez facilement à l'imprévu et aux cultures que vous ne connaissez pas. Vous aimez le dépaysement et la surprise ; cela vous amuse et vous rend la vie plus agréable. Vous avez l'esprit vif subtil, et vous comprenez bien le monde qui vous entoure. Cependant, vous n'avez pas tendance à intervenir dans la vie des autres. Vous préférez conserver votre indépendance. Vous veillez également à ne pas déranger les gens dans leur cheminement. En clair, vous comprenez ce qui se passe dans la vie des autres, mais le plus souvent vous faites mine de ne rien voir et vous les soutenez en douce, sans même qu'ils s'en rendent compte. Il vous arrive toutefois d'être candide et de faire des rencontres qui ne vous conviennent pas. Avec le temps, vous apprenez à ne pas vous approcher de tout un chacun et à voir ce qui en est avant de vous lier. Vous avez un côté imprudent, qui vous vaut à la fois votre force et votre faiblesse. Votre force : vous allez vers l'inconnu et faites parfois des découvertes passionnantes ; vous êtes un être de la nouveauté. Votre faiblesse : il vous arrive d'aller trop vite, sans protéger vos arrières, sans prendre le temps de réfléchir... et il est parfois long de sortir de ces faux pas. Cela dit, c'est peut-être vous qui faites les plus beaux voyages.

Vous êtes né le 22ᵉ jour de la lunaison

Vous êtes original, brillant, indépendant... Vous avez tout pour plaire, pour surprendre, pour égayer les journées ordinaires. Avec vous, une chose est sûre : on ne s'ennuie pas. Vous avez toujours mille et une histoires à raconter, vous vous intéressez à tout et vous êtes d'une curiosité fantastique. Une chose à savoir : vous aimez la liberté et vous en avez un grand besoin. Si on vous contraint, si on exige que vous perdiez ne serait-ce qu'un peu de liberté, vous ruez dans les brancards ou vous ruminez votre vengeance. Ou, plus simplement encore, vous fuyez. Ne vous mettez donc pas dans des situations trop contraignantes, où l'on ne vous laisserait pas agir à votre aise, car vraiment cela ne vous convient pas du tout. Vous avez un tempérament énergique et vous pouvez abattre pas mal de boulot... Vos journées sont généralement bien remplies, mais elles le sont de ce que *vous* avez choisi. Avec les autres, vous êtes souple et tendre comme vous aimez qu'on le soit avec vous. Vous entretenez de bons rapports à condition de pouvoir conserver une certaine indépendance. Comme vous avez passablement d'énergie, vous avez souvent de multiples projets en route et des rêves à réaliser, ce qui vous vaut des journées très occupées. Il vous arrive toutefois de vous éparpiller dans vos projets. Si vous êtes capable de préciser certains objectifs et de vous y tenir, vous éviterez quelques culs-de-sac. Votre flamboyante personnalité vous rend agréable à tous, sauf quelques jaloux, évidemment. Menez une vie active, fréquentez des gens un peu plus calmes ou ordonnés que vous, et vous atteindrez un bel équilibre.

Vous êtes né le 23ᵉ jour de la lunaison

Vous êtes avant tout un être responsable et organisé. N'étant pas tenté d'aller dans une voie puis dans une autre, de procéder par essais, vous réfléchissez avant d'agir et cela vous sert grandement. Toujours, avant de vous décider, vous prenez le temps de questionner les gens autour de vous, d'enquêter, de peser le pour et le contre d'une question. Vous avez donc une nature rationnelle. Vous aimez également le travail bien fait. Pour vous, rien de pire qu'une personne qui ne se sent pas responsable de ses actes, et vous avez presque du mépris pour ceux qui ne prennent rien au sérieux et qui sont têtes en l'air. Vous avez également beaucoup de courage et vous n'êtes pas du genre à abandonner un projet sans avoir vraiment essayé de lui donner son plein essor. Un obstacle, c'est un défi, et vous aimez bien les défis, car vous savez les relever de main de maître. Vous êtes droit et discipliné, mais cela ne vous empêche aucunement d'être sociable et communicatif. Vous aimez discuter, converser avec les gens, et vous êtes toujours à l'aise dans une soirée. Il peut vous arriver d'être un peu rigide dans l'intimité et d'avoir des opinions trop fermes pour que la vie soit simple et harmonieuse. Si vous apprenez à faire des compromis, vous verrez rapidement à quel point le fait de respecter la nature de chacun rend les choses plus simples. Si vous êtes souple, vous mènerez votre barque là où vous le souhaitez.

Vous êtes né le 24ᵉ jour de la lunaison

Vous êtes reconnu pour votre sens de la famille et pour votre capacité d'évoluer en équipe ou en groupe. Vous savez prendre du temps pour vous et tenir compte de vos besoins, de sorte que les autres ne vous dérangent pas. En prenant la place qui vous revient naturellement et en toute simplicité, vous savez faire de la place aux autres et vivre leur compagnie comme un plaisir plutôt que comme une lourde responsabilité. Vous êtes aussi passablement conservateur de nature : avec vous, on a intérêt à faire le bon geste au bon moment, à être poli, à utiliser les signes codés et à ne pas prendre de raccourcis. Vous vous liez aux gens qui ont, comme vous, le sens des convenances. Vous vous intéressez aussi beaucoup au passé, dans le sens le plus noble du terme : vous pouvez vous passionner pour l'histoire, pour vos grands-parents, pour la vie d'antan, pour la culture traditionnelle. Vous êtes à la fois exigeant et souple, c'est-à-dire que vous avez à cœur que les choses soient bien faites, sans toutefois trop en demander aux autres. Vous n'avez rien d'une personnalité autoritaire, vous avez simplement quelques principes qui vous guident et auxquels vous tenez. Ces principes tournent autour de la politesse, du travail bien fait, du sens de la famille, de la générosité envers chacun et du sens du partage. En somme, vous êtes une personne équilibrée, qui peut parfois être un tout petit peu moraliste, mais qu'on aime pour sa stabilité et son sens profond de l'équité et du partage au quotidien.

Vous êtes né le 25e jour de la lunaison

Vous avez une grande force d'âme et l'esprit d'initiative. Assez individualiste – ou plutôt un brin solitaire –, vous êtes malgré tout très attentif à votre famille, à vos proches et à votre groupe de travail ou d'activités. Vous aimez vivre en société, au sens où vous aimez les causes communes, les idées qui peuvent faire avancer le monde. Vous souffrez des injustices, et vous en parlez souvent. Aussi agissez-vous quand vous le pouvez. Avec les autres, vous êtes à l'écoute, vous savez tenir compte de ce qu'on vous propose et faire des compromis. Cela dit, vous parlez aussi beaucoup de vous-même et de vos idées. Vous n'êtes pas du tout timide et vous êtes très peu enclin à faire des compromis lorsqu'on n'est pas en accord avec vos principes profonds. Vous êtes souvent plus verbal que sensuel. Avec le temps, vous aurez avantage à quitter un peu le monde de l'esprit pour vous concentrer sur celui de la matière. En prenant soin de vous et des autres, en développant vos capacités physiques et votre goût de la tendresse, vous éviterez de tomber dans le dogmatisme qui peut guetter ceux qui aiment le monde des idées. Avec le temps, allez vers l'amour et vers l'union.

Vous êtes né le 26ᵉ jour de la lunaison

Vous avez un esprit pénétrant et une très vive compréhension des faits et des gens. On ne peut rien vous cacher, car vous êtes d'une perspicacité à toute épreuve. Vous pourriez être un enquêteur hors pair. Vous avez également la capacité de faire des synthèses, tout comme vous savez faire la différence entre ce qui est important et ce qui est accessoire. On ne vous dupe pas, on ne vous emmêle pas. Vous êtes aussi clairvoyant : vous lisez dans les âmes, vous entendez ce qui est vrai et, si on vous dit n'importe quoi, vous voyez clairement la vérité qui se dessine en arrière-plan. Vous avez aussi le sens de la prémonition... En fait, toutes ces capacités, vous les possédez parce que la lune est en train d'entrer dans le noir le plus complet. Vous brillez de l'intérieur, vous possédez les qualités d'une pleine lune, mais à l'inverse. Intérieurement, vous éclairez tout, même si extérieurement vous êtes discret et parfois même effacé. Avec les autres, vous pouvez être d'une aide précieuse parce que vous êtes toujours en mesure de voir ce dont ils ont vraiment besoin. Cela dit, il y a des moments où le fait de voir si clairement est lourd : bien sûr, vous ne pouvez pas dire ses quatre vérités à quelqu'un qui ne veut pas les voir, et vous rencontrez souvent des gens qui sont ainsi. Votre silence est parfois éloquent. Vous possédez une intelligence vive et, pour votre bonheur, il est utile de l'exploiter... Plus vous apprendrez, plus vous vous dépenserez sur les plans intellectuel et physique, mieux vous serez dans votre peau.

Vous êtes né le 27ᵉ jour de la lunaison

Vous avez le don de comprendre, d'aider, de soigner les autres. Sans même besoin de paroles, vous voyez si clair en eux qu'ils ne sont pas une énigme pour vous. Vous êtes vraiment les soignants de ce tour de lune, ceux qui sont en mesure de donner, de réchauffer, de tendre la main de la meilleure façon. Imaginez quelqu'un qui défait les nœuds d'une fine chaîne en or et vous aurez une bonne idée de votre plus grande capacité. Celle-ci joue à tous les niveaux, et vous êtes précis, voire pointilleux sur le plan manuel, mais plus fortement encore du point de vue psychique : vous êtes réellement clairvoyant et vous pouvez donc aider les autres à mieux se comprendre. Vous avez le sens de la communion entre les êtres et vous prenez toujours très au sérieux vos amitiés, votre vie familiale et les histoires de cœur. Votre tendresse est forte et durable, et c'est là le plus beau cadeau que vous puissiez faire aux autres. Vif d'esprit, vous savez très bien expliquer les choses et on trouve parmi vous d'excellents enseignants. Dans la vie de tous les jours, vous êtes souvent tenté par les manies et vous aimez bien que l'on respecte vos petites habitudes. En fait, vous avez un léger côté maniaque que vous déplorez vous-même parfois. Il faut simplement comprendre qu'étant très à l'écoute des autres et très perméable aux ambiances et aux non-dits, vous devez, pour garder votre équilibre, adopter des habitudes simples et prendre le temps de vous ressourcer dans la solitude. Vous avez de bonnes antennes, mais il vaut mieux les ôter le soir venu, car avec de bonnes oreilles il est très important de ne pas être trop à l'écoute des autres ! Amusez-vous, car vous êtes aussi doué d'une imagination très joyeuse.

Vous êtes né le 28e jour de la lunaison

Vous êtes un être inspiré, un artiste, un poète, un curé, un mystique... Bref, tout ce qui passe par l'esprit passe par vous. Ce n'est pas tous les jours vécu facilement, cette capacité de sentir ce qui n'est pas visible, physique, tangible. Dans votre enfance, ce fut peut-être un peu dur de comprendre des faits qui ne vous concernaient pas directement. Recette : vous avez développé la capacité de vous fermer périodiquement aux ambiances extérieures, aux pensées de chacun. Quand vous êtes en plein contrôle de vos émotions, vous pouvez profiter tranquillement de la vie et vous occuper des autres si vous en avez la volonté. Vous avez, dit-on, un don de guérison. Vous pouvez donc accompagner les gens qui souffrent, et même leur faire du bien à distance. Vous n'êtes pas parmi les gens les plus actifs, et il vous arrive de paresser et d'avoir envie de vous laisser porter par la vie sans objectif, au fil des jours. Puis vous vous sentez ballotté, vous en souffrez et vous vous ressaisissez. Avec le temps, avec la maturité, vous devenez toutefois plus confiant et plus sûr de vous. Vous constatez alors que vous possédez des qualités magnifiques qui doivent souvent s'exprimer dans l'ombre, le plus subtilement possible, et que vous pouvez faire beaucoup de bien autour de vous.

Vous êtes né le 29ᵉ jour de la lunaison

Vous êtes un être rare, original, doté de clairvoyance, et qui prend tout avec un grain de sel. Vous avez de l'humour à revendre et ne prenez rien très au sérieux ; vous avez besoin de preuves pour croire à quelque chose et vous ne vous engagez pas facilement. On pourrait vous croire tête en l'air, ce que vous n'êtes vraiment pas. En réalité, vous êtes à la fois sceptique et inspiré. Vous comprenez beaucoup de choses, et ce, déjà en tant qu'enfant, et vous prenez donc le parti de ne vous en faire avec rien, ce qui peut donner l'impression que vous êtes je-m'en-foutiste. Pourtant, rien ne vous passionne plus que les gens, que le bonheur, que l'amour. Vous avez le cœur sur la main, mais aussi une timidité un peu forte qui vous empêche quelquefois de dire et de montrer ce que vous ressentez. Vous êtes également de nature inquiète, ce que vous cachez trop bien. Vous n'êtes pas une nature exigeante, et vos bonheurs sont simples. Peu à peu, vous devenez actif physiquement et vous bénéficiez grandement de la pratique sportive, de l'exercice, de la danse et des plaisirs du corps. Vous êtes un sensuel qui tente parfois d'ignorer cette part de lui-même dans sa jeunesse. À vous les bonheurs, une fois la maturité acquise.

Vous êtes né le 30ᵉ jour de la lunaison

Vous êtes le mystère incarné, celui qui réunit toutes les qualités et qui peut faire ce qu'il veut, qui est libre de choisir. Vous êtes doué de clairvoyance, cela se voit, mais aussi d'une gaieté de vivre peu ordinaire. Quand vous relevez un défi, vous ne voyez là que le côté sportif ; quand vous vivez un échec, vous en tirez une leçon philosophique ; quand vous vivez un succès, vous en profitez sans pour autant vous enfler la tête avec cela. Il y a en vous quelque chose de magique, d'inhabituel, qui attire les gens en général, mais peut effrayer ceux qui ne sont pas très sûrs d'eux. Vous êtes généreux, mais avec mesure. D'ailleurs, vous avez beaucoup de mesure... même dans vos exagérations! En fait, quand vous vous passionnez pour un sujet ou pour quelqu'un, vous y allez à fond, avec tout votre être. On pourrait croire que vous souffrirez pendant le voyage du retour, mais il n'en est rien. C'est probablement un cadeau de la lune: elle vous protège contre vents et marées, car elle vous aime bien et a décidé de prendre toujours soin de vous. Remerciez-la de temps en temps, quand vous levez la tête au ciel dans la nuit.

Bon voyage avec la lune!

Que vous ne regardiez plus la lune
sans accueillir un conseil ou deux,
sans voir sa beauté,
sans qu'elle vous aide à réaliser
quelques-uns de vos rêves,

Que ces quelques connaissances vous servent longtemps!